DURCHEINANDER IN MEINEM KOPF

DURCHEINANDER IN MEINEM KOPF

Gesammelte Werke von Jan Wienowiecki

Aus allen Zeiten. Lyrik. Prosa. Drama.

Bibliografische Information der Deutschen Nationalbibliothek
Die Deutsche Nationalbibliothek verzeichnet diese Publikation in der Deutschen Nationalbibliografie; detaillierte bibliografische Daten sind im Internet über http://dnb.dnb.de abrufbar.

© 2017 Jan Wienowiecki
Satz, Umschlaggestaltung, Herstellung und Verlag: BoD – Books on Demand
ISBN 978-3-7431-0799-1

Inhalt

ein vorwort. vorwort ein.	7

lyrik modern.
gewitter	10
Mit der Brechstange	11
Der neue Kohlhaas	12
s	14
Aschenputtel	15
Vincent	16
was heute ist	17
Was kann ich sein? – Religiöser Text (?)	18
Gabionen im Vorgarten	20

lyrik junge jahre. 2003–2008.
Time	26
Spring	26
Schlaf	27
Der Rapper	28
Frühling	29
An Anne	30
Zum Abschied (am letzten Schultag der Grundschule, 06.07.2007)	32
Herrn Haack gewidmet	32
Die Insel	33
Gabelsuche	34
Vertretertag	35
Elefant und Mücke	36
Ode an den heißgeliebten Platz	37
Winter	38

Fortgeschritten. 2009–
Flüssigkeit. Liedtext. 40
Krieg 41
Eine weite Reise 43
Pia und die Nussallee 44

kurzprosa und ein hoerspiel. gemischte jahre.
Ein Sommerabend 48
Das Haus im Ahornweg 53
Unter dem Teppich 56
Der Löwe und die Blaubeeren 59
Mein Herz funktioniert elektronisch 61

drei dramen. 2010–2011.
Die gestorbene Königin 80
Schrödinger 110
Der Fremde 136

ein vorwort. vorwort ein.

Lieber Leser,
die Zeit atmet. Was nun kommt, sind grob sortierte Werke aus meiner eigenen Hand. Es ist bei weitem nicht alles, was ich angefertigt habe, aber viel davon. Manches besser und manches schlechter. Ein Großteil der Gedichte ist zu meiner Grundschulzeit entstanden, eine sehr kreative Periode meines Lebens.

Zwischen meiner unbeholfenen ersten „Theaterinszenierung", einem grandios missglückten *Dschungelbuch* in der ersten Klasse bis zu rezenteren Werken, die ich als durchaus herzeigbar erachte, liegt ein langer Prozess der Entwicklung, der sich hin und wieder auch in dieser Sammlung erahnen lässt. Die hier enthaltenen Werke sind bis auf eine Ausnahme nicht mit präzisen Jahreszahlen versehen, aus mehreren Gründen. Erstens, der pragmatischste Grund, dass ich vieles nicht mehr genau zuordnen kann, und zweitens, dass ich das vielleicht auch nicht will. Die Texte sprechen für sich.

Das Herzstück dieses Buches oder besser gesagt mein persönliches Herzstück sind die drei Theaterstücke am Ende. Sie entstanden in der siebten Klasse, wie alt mag ich gewesen sein, 13 vielleicht. Diese drei Dramen sind auf den ersten Blick nicht miteinander verknüpft, zusammen ergeben sie jedoch eine Trilogie, die von mir als „Freitag-Trilogie" bezeichnet wird. Es wird die Chronologie eines Ortes gezeigt, ohne dass es Zeitangaben gibt.

Diese Textsammlung dient vor allem einem: einen Querschnitt zu zeigen, durch all das, was ich in meinem noch nicht sehr langen Leben verbrochen habe. Zettel, die lose herumflogen, wurden endlich sortiert, alte vergessene Texte tauchten wieder auf, die Arbeit an einigen Fragmenten wurde fortgesetzt.

Nichtsdestotrotz werde ich eines nicht mehr los: das Durcheinander in meinem Kopf.

Lieber Leser, danke.

lyrik modern.

gewitter

es gewittert
ein gewitter
am
himmel
es gewittert
weil
es gewittert und
ich bin
ein gewitter
am
himmel

du

das bist also
du und
ich dachte schon
es würde anders werden
aber
es wurde
nicht anders
komisch ist es
nicht aber
trotzdem das
bist also du

Mit der Brechstange

Morgens früh
Schönes Wetter.
Die Sonne scheint.
Wir machen einen Ausflug
In den Freizeitpark
Ich, meine Frau, die Kinder
Setzen uns ins Auto
Eine gute Stunde Fahrt
Wann sind wir da
Brüllen die Kinder
Gleich
Gleich
Da
sagt meine Frau
Da ist die Ausfahrt
Von hinten kommt ein anderer Wagen
Großes Chaos
Ich weiche schnell aus
Jetzt
Stehen fünf Autos an der Kreuzung
Ich würge den Motor ab
Die anderen auch
Man steigt aus
Streit
Ein Mann geht zum Kofferraum
Holt
Eine
Brechstange
Raus
undschlägteinerfraudamitaufdenkopf

Der neue Kohlhaas

Kleist?
Kleister.
Reitet nicht
Fährt Mercedes
Gibt kein Pfand
Nimmt es
Einfacher Mann
Hat sich hochgearbeitet
Versteht nicht
Will nicht verstehen
Schlechte Rechtschreibung
Arbeitet nicht
Lässt arbeiten
Schwarz
Wird nicht betrogen
Betrügt
Brandstiftet nicht
Keine Prophezeiung
Eine Rechnung
Ein frecher Brief
Keine Manieren
Keine Rechtschreibung
„Wir regeln das unter Männer"
Kein König von Polen
Arbeiter von Polen
Gerechtigkeit
Nein
Aufrichtigkeit
Nein
Rebellion

Nein
Ich habe den Türklopfer abmontiert
Überweisen Sie noch heute
Ich überweise nicht
Er ist Michael Kohlhaas
Ich will es sein

Der schöne Tag

Die
Sonne
scheint.
Was
Für
ein
schöner Tag.
Kein Regen.
Sonnenschein.
Oh nein!
Sommergewitter

s

Eine Mütze
Eine Münze
Eine Pfütze
Lakritze
Brand im Keller
Brand am Herd
Brennende Markise
Die Feuerwehr rückt aus
Ich bin ein Fehlprodukt
Besser, man setzt keine Kinder in die Welt
Nur negative Eigenschaften

Aschenputtel

Meine Stiefschwestern sind Roboter
Die Stiefmutter ist in der Politik
Vater raucht und liest Zeitung
Der Baum auf Mutters Grab gefällt
Die Tauben mutiert
Ich sortiere Genmais statt Linsen
Die guten ins Töpfchen
Die schlechten ins Kröpfchen
Die Tauben sterben
Kein Kleid
Keine schönen Schuhe
Kommen von oben
Saurer Regen kommt von oben
Auf der Flucht vor den Bulldozern
Den Schuh verloren
Wo ist der schöne Prinz
Ich sehe nur Männer in Anzügen
Man bringt den Schuh zurück
Schmutzig ist er
Blut ist im Schuh
Es ist ein Turnschuh
Er blinkt, wenn man auftritt
Und wenn sie nicht gestorben sind
Aber sie sind gestorben

Vincent

was gestern war

Kommen Sie rein
Seien Sie ganz leise
Er ist konzentriert
Erschrecken Sie ihn nicht
Er arbeitet gerade

Am Tisch sitzt ein Mann
Den Blick auf die Leinwand gerichtet
Streicht sich Haare aus der Stirn
Arbeitet mit Ölfarben
Dunkel und trüb

Er gibt sein ganzes Geld dafür aus
Ist ganz verrückt nach Malerei
Isst nichts tagelang
Malt aber jede freie Minute
Man hält ihn für verrückt im Dorf

Er schreckt auf
Oh, Besuch
Guten Tag, Vincent
Malen Sie Bauern
Ja, Kartoffelesser

was heute ist

Kommen Sie rein
Sie müssen lauter reden
Hier ist viel los
Tippen Sie ihm auf die Schulter
Er schläft gerade

Ein alter Mann
über den Tisch gebeugt
Alkohol strömt aus seinen Poren
Arbeitet mit Wassermalfarben
Unklar und verwaschen

Er gibt seine ganze Rente dafür aus
Wartet auf Sonderangebote
Geht zur Tafel
Malt jede freie Minute
Man hält ihn für verrückt im Dorf

Er schreckt auf
Oh, Besuch
Guten Tag, Vincent
Malen Sie Touristen
Ja, Frittenesser

Was kann ich sein? – Religiöser Text (?)

Ich kann alles sein
Ich kann ein Star sein
Ich kann aber auch ein Obdachloser sein
Ich kann der Dichter Vergil sein
Ich kann aber auch der Sänger Roger Cicero sein
Ich kann ein orange gestreifter Kater sein
Ich kann Schüler sein
Ich kann Student sein
Ich kann nicht sein
Ich kann böse sein
Ich kann behindert sein
Ich kann gesund sein
Ich kann blau sein
Ich kann ein Kartoffelpuffer sein
Ich kann Atheist sein
Ich kann aber auch gläubig sein
Ich kann Agnostiker sein
Ich kann Zeuge Jehovas sein
Ich kann verliebt sein
Ich kann glücklich sein
Ich kann verträumt sein
Ich kann nervtötend sein
Ich kann faul sein
Ich kann aber auch fleißig sein
Ich kann beliebt sein
Ich kann Skispringer sein
Ich kann aber auch Astronaut sein
Ich kann Rennfahrer sein
Ich kann Spongebob sein
Ich kann ein Außerirdischer sein

Ich kann ein Glühwürmchen sein
Ich kann reich sein
Ich kann Pfarrer sein
Ich kann der Papst sein
Ich kann Pornodarsteller sein
Ich kann Vertreter sein
Ich kann Bundeskanzler sein
Ich kann Schirmherr sein
Ich kann um 383 € ärmer sein
Ich kann Lehrer sein
Ich kann Weihwasserpumpstationservicetechniker sein
Ich kann müde sein
Ich kann genervt von den ganzen Stimmen in meinem Kopf sein
Ich kann gelangweilt sein
Ich kann aufgeregt sein
Ich kann außer Atem sein
Ich kann erwachsen sein
Ich kann alt sein
Ich kann jung sein
Ich kann hässlich sein
Ich kann schön sein
Ich kann ein Sexsymbol sein
Ich kann ein Toaster sein
Ich kann Altenpfleger sein
Ich kann eine Keramikschüssel sein
Ich kann der zweite Loriot sein
Ich kann Effi Briest sein
Ich kann Kassierer an der katholischen Autobahnraststätte Süd sein
Ich kann ein Versager sein
Ich kann ein Held sein
Ich kann alles sein, ich muss mich nur lösen

Gabionen im Vorgarten

Es ist aus
wenn du weißt
es stört dich
und was dich stört
sind
die ganzen
gabionen
im vorgarten
das smart-tv
amazon
die bunte mütze
müller milch
dekoration
der luxusurlaub
all inclusive
der perfektionismus
die genauigkeit
du pedant
die ganze
technik
wo ist das herz
wenn
überall technik ist
das vertrauen
in die politik
in die technik
in die welt
in die menschen
und auch
die fernsehsendungen

die selbstinszenierung
das essen
diese ganze einfältigkeit
ich kann sie nicht mehr haben
ich kann sie nicht mehr haben
dieser optimismus
du sagst
das klappt schon
ich weiß
es klappt nicht
ich sag es dir
aber nein
es klappt schon
und dann
kotzt es mich an
und dann
in diesem Moment
kotzt mich alles an
ich war auch mal
idealist
ich war
ich war
ich bin nicht mehr
dieser schreckliche
idealismus
inkonsequenz
anfangs ging es noch
aber so ist es
die zeit
es liegt
an der zeit
dieses selbstmitleid

diese ganze jammerei
ich jammere nicht
ich schweige
es ist diese dummheit
diese engstirnigkeit
du willst
besser sein als ich
wozu
wozu
es ist doch alles katastrophal
du machst mich nach
und dann
diese ganze förmlichkeit
kleinbürgerlichkeit
und ich behalte immer recht
das ist es
das ist
was mich stört
und das ist nicht alles
das ist nur noch streit
du musst immer recht haben
du verstehst nicht
was ich meine
es dreht sich nur
um dich
und um deine
kleinbürgerlichen vorstellungen
du hast
falsche vorstellungen
von der stadt
du kennst sie nicht
was du kritisierst

machst du später selbst
du willst anders sein
bist es aber nicht
und das soll liebe sein
das soll liebe sein
dann lüge ich dich an
um
pause zu machen
dich nicht zu sehen
weil ich es nicht mehr haben kann
weil ich dich nicht mehr haben kann
das ist alles verschwunden
und ich kann schon wieder
nicht schlafen
und ich will es auch gar nicht
als wir
noch kein paar waren
war alles gut
aber jetzt
geht es
bergab
unsere gespräche
waren mal
gehaltvoll
aber sie sind es nicht mehr
sie sind es nicht mehr
es war nicht gut
die zeit
revue passieren zu lassen
es tut nur weh
und heute
heute dreht sich alles nur

im kreis
ich hätte nicht gedacht
dass es so schnell geht
aber
die liebe ist weg
es sind nur noch phrasen da
dieses dumme geschwätz
ich sehne mich nach
der alten zeit
aber ich weiß
das wird nicht mehr
ich bin
kein optimist
aber gerade
fühle ich mich wohl
ich schreibe es mir von der seele
ich brauche das
so geht es nicht weiter
es geht so nicht weiter
aber was mache ich
ich mache nichts
lasse es laufen
und dann
sind da wieder die gabionen
gabionen im vorgarten
gabionen im kopf

lyrik junge jahre. 2003–2008.

Time

There is a time for everything
a time for your mistakes
a time for boxing in the ring
a time for you to brake

There is a time to say goodbye
to everybody here
you will remember, when you cry,
with every single tear

If you love laying on the ground,
there is a time for you.
And if you want to hang around,
you'll find the right time, too.

Spring

Wind is blowing
Flowers grow
Birds are singing
Rivers flow

Sun is shining
People sing
Grass is talking,
saying: „Spring"

Schlaf

Sie schläft, nicht im Bett, nicht im Sarg, im Stehen.
Holt Kissen, holt Kissen, gleich kippt sie um.
Sie schnarcht, nicht leise, nicht laut, sanft.
Holt Kissen, holt Kissen, gleich kippt sie um.
Sie spricht, nicht zu mir, nicht zu dir, zu sich selbst.
Holt Kissen, holt Kissen!
Sie kippt!
Sanfter Fall, alles ist gut.

Der Rapper

Es rappt der Rapper
gegen den Takt
jeder schaut zu,
denn er ist nackt!

Es schimpft der Kanzler,
er ist enttäuscht.
Der Rapper war Häftling,
jetzt ist er entfleucht.

Die Fans, sie jubeln,
endlich ein Skandal.
Die meisten stehen
im vollgefüllten Saal.

Es rappt der Rapper,
aber sehr schlecht.
Trotzdem gibt's Applaus,
ist das denn gerecht?

Es schreibt der Dichter
noch ein Gedicht,
es ist einmalig.
Applaus gibt es nicht.

Frühling

Ich geh' auf der Wiese
und spüre die Luft,
es blühen die Blumen,
welch lieblicher Duft

Ich sehe Winter und Frühling ringen.
Die Wiesen, sie grünen, es gibt wieder Licht.
Ich merke, die Vögel beginnen zu singen.
Dort ist der Frühling, schaut mir ins Gesicht.

Die Kinder, sie spielen
und ich denke mir:
der Frühling ist schön,
ich bleibe noch hier.

An Anne

Oh Anne,
du bist für mich die Sonne.

Nein! Pfanne.

Noch mal:
Oh Anne,
du bist für mich die Pfanne,
die immer für mich scheint.
Wir zwei sind nie getrennt.

Nein! Vereint.

Noch mal:
Oh Anne,
du bist für mich die Pfanne,
die immer für mich scheint,
wir zwei sind nie vereint.
Für dich würd' ich vom Felsen stürzen,
das Lammragout mit dir genießen.

Nein! Bewürzen.

Noch mal:
Oh Anne,
du bist für mich die Pfanne,
die immer für mich scheint,
wir zwei sind nie vereint.
Für dich würd' ich vom Felsen stürzen,
das Lammragout mit dir bewürzen.

Oh Anne! Du bist wunderschön,
willst du mit mir zur Trauung geh'n?

Mein lieber Dichter, will ich nicht,
denn schrecklich fand ich dein Gedicht!

Oh nein!

Noch mal:
Oh Anne,
ja, ich liebe dich,
die Sonne bist du nur für mich.
Die immer scheint voll Phantasie,
jedoch getrennt sind wir zwei nie.
Für dich würd' ich vom Felsen stürzen,
das Lammragout mit Liebe würzen.
Oh Anne! Du bist wunderschön,
willst du mit mir zur Trauung geh'n?

Mein lieber Dichter, ja, das geht,
denn schließlich bist du ein Poet.

Zum Abschied (am letzten Schultag der Grundschule, 06.07.2007)

Die Zeit hier, die war wunderschön,
doch, wir müssen leider geh'n

Hier war es einfach wunderbar
für jeden war'n sie toll, die Jahr'

Mal gut in Mathe, mal in Sport,
doch wir müssen leider fort.

Herrn Haack gewidmet

Ein guter Lehrer ist Herr Haack,
er ließ uns lernen, jeden Tag.
Von Einzahl, Mehrzahl, Möglichkeiten,
von der ersten und der zweiten.

Ob Mathearbeit, ob Diktat,
Herr Haack, der wusste immer Rat.

Sie brachten uns so vieles bei
und bei so mancher Prügelei,

da behielten Sie ruhig Blut
und bekamen selten Wut.

Zu lernen wurde immer schwerer,
doch Sie, Sie sind ein guter Lehrer.

Die Insel

Kreischend ziehen Möwen dahin,
ach, wenn ich bald auf Langeoog bin …

Die Wellen bäumen sich auf,
manchmal ein Bötchen darauf.

Die Wellen, gekrönt mit Gicht,
da, die Insel ist in Sicht!

Manche Leute sind am Strand,
Segelboote weit vom Land.

Warmes Licht, ein Schiffshornton
und die Fähre ankert schon.

Gabelsuche

Als der König wollte essen,
die Gabel hatte er vergessen.

Rief er Zauberer Fidibus,
doch der aß leckres Pflaumenmus.

Der König ging zum Gabelladen,
doch der hatte nur langen Faden.

Der König ging zu seinem Schmied,
doch der sang immer das gleiche Lied.

Da kam die Königin heran,
„Willst du 'ne Gabel, mein lieber Mann?"

Der König sagte gerne ja,
schwups, da war die Gabel da!

Und die Moral von der Geschicht:
Vergesse deine Gabel nicht!

Vertretertag

An einem Sonntag irgendwann
kam auf den Hof ein netter Mann.

Josef Fröhlich war sein Name,
für Reisen machte er Reklame.

Von China, Russland bis Hawaii,
dann gab es auch noch Norderney.

Da fing Herr Fröhlich an zu reden,
von guten Reisen bis nach Schweden.

Doch diese vielen guten Reisen,
gab's nur zu sehr saftigen Preisen.

Herr Fröhlich holte, ach du Graus,
ganz schnell die Billigreisen raus.

Ich fragte: „Gibt's hier Polynesien?"
„Nein, nein, wir haben hier nur Schlesien."

Die Reisen waren gar nicht gut,
da packte mich ganz schnell die Wut,

ich schrie: „Das ist mir nun genug!
Die Reisen sind doch nur Betrug!"

Herr Fröhlich ging ganz ohne Graus
ganz schnell aus unsrem Haus heraus.

Und die Moral von der Geschicht:
Vertraue den Vertretern nicht!

Elefant und Mücke

Die Mücke flog ums Gartentor,
da kam ein Elefant hervor.

Die arme, arme Mücke,
sie hatte gar kein Glücke:
Der Elefant trat sie in Stücke.

Ode an den heißgeliebten Platz

Wie geht es dir?
Wie oft fand ich an dir die Ruhe?
Was meinst du dazu?
Oh, du heißgeliebter Platz!
Wie oft saß ich an dir im Unterricht und kippelte?
Was meinst du dazu?
Oh, du heißgeliebter Platz!
Erst seit kurzer Zeit sitze ich an dir.
Was meinst du dazu?
Oh, du heißgeliebter Platz!
Manche Arbeit schrieb ich an dir.
Was meinst du dazu?
Oh, du heißgeliebter Platz!
Ohne dich säße ich nicht neben meinem besten Freund.
Was meinst du dazu?
Oh, du heißgeliebter Platz!
Wie oft habe ich mich an dir mit Sachen beschäftigt, die nicht zum
Unterricht gehören?
Was meinst du dazu?
Oh, du heißgeliebter Platz!
Bitte schreib mir schnell zurück.
Dein Jan W.

Winter

Verschneit ist der Wald,
draußen ist es kalt

Im Zimmer steht der Weihnachtsbaum,
er ist geschmückt, so wie im Traum.

Vor den Buden ist Gedrängel,
herrlich singen tausend Engel.

Ich trinke warmen Tee,
draußen rieselt der Schnee.

Mit riesengroßen Schritten
ziehen wir den Schlitten.

Wir bau'n einen Schneemann, aber schnell!
Die Sonne geht unter, bald ist's nicht mehr hell.

Fortgeschritten. 2009–

Flüssigkeit. Liedtext.

Flüssigkeit, Flüssigkeit
Fließt in den Händen
wie der Odem der Zeit, der Odem der Zeit
Und wenn der Fluss dann unterbricht
Kümmert euch nicht, kümmert euch nicht
Denn der Odem der Zeit, der Odem der Zeit
Fließt in den Händen wie Flüssigkeit

Herbst in Dresden

Es ist Herbst in Dresden,
die Blätter sind bunt
und mit wilden Gesten
zähmt ein Mann seinen Hund.

Ich geh durch die Straßen
und am Zwinger vorbei,
ich seh' manche rasen,
mit viel Hetzerei.

Jetzt fängt es auch noch zu regnen an,
und überleg', wie man flüchten kann.
Das Grüne Gewölbe, da geh ich jetzt rein,
Oh Gott, oh Gott, das kann nicht sein!

Heute ist Montag, da haben die zu!
Der Herbst ist doof, was findest du?

Krieg

Noch gestern Vormittag war Krieg.
Ich habe es gehört.
Der Lärm mir schnell zu Kopfe stieg,
drum war ich sehr empört.

So ging ich in die große Stadt
und habe mich beschwert.
Doch als man mich empfangen hat,
war ich nicht unversehrt.

Mein Trinkvorrat war aufgebraucht
und ich sah müde aus.
Mein linker Knöchel war verstaucht,
ein Schneidezahn fiel raus.

Drum sprach ich mit dem Stadtsenat:
„Wann hört der Krieg denn auf?"
Der hatte gleich 'nen Spruch parat:
„Uns fehlt die Antwort drauf!"

Ich schimpfte laut, sprach: „Nun ist Schluss!
Lasst Kriege einfach sein!"
Da hörte ich 'nen lauten Schuss,
das Rathaus stürzte ein.

Der Bürgermeister sprach: „Oh nein!
Wie konnte das passier'n?
Ein solches Ende sollt' nicht sein!
Dass wir den Krieg verlier'n!"

Darum entschied der ganze Rat,
der Krieg sei nun vorbei,
kein Wunder, was der Feind nun tat,
es war ihm einerlei.

Der Krieg ging weiter, ohne Halt,
doch, lange ging es nicht,
das Pulver war ganz weggeknallt,
vorbei Krieg und Gedicht.

Eine weite Reise

Einst fuhr ein Pfarrer aus dem Jemen
in einem Flugzeug schnell nach Bremen.

Dort hatte er ein paar Verwandte,
die dort im Jemen niemand kannte.

Das Flugzeug landete in Bremen
mit unserem Pfarrer aus dem Jemen.

Hans-Brüggemann-Straße. Nr. 10
zu diesem Häuschen musste er geh'n.

Der Pfarrer klingelte ganz laut,
da kam eine Stimme, ihm gar nicht vertraut.

„Hallo, hier ist das Fräulein Kunz,
wer spricht da unten denn mit uns?"

Der Pfarrer blickte ganz erstaunt,
war das ein Fremder, der da raunt?

„Tschüss", er hatte sich verlesen,
es war die Nummer 11 gewesen.

Pia und die Nussallee

Pia und die Nussallee
wohnten in der Wüste.
Pia saß am Kanapee,
Als sie mich begrüßte.

Die Nussallee sah Walen zu,
wie sie eifrig schwammen.
Pia rief ganz laut: „He du!
Reiß dich mal zusammen!

Begrüße doch den alten Herrn,
der extra zu uns flog,
um den Löwen einzusperr'n,
der gestern zu uns zog."

Der Löwe saß im Schlafgewand,
es war hellblau gestreift,
und malte Bilder in den Sand:
ein Krebs, der gerade kneift.

Er malte noch den ganzen Tag,
bis es Abend ward.
Der Löwe rief: „Ich will nach Prag!
Dort ist es sehr apart!"

Drum flog ich mit dem Wüstentier
direkt in die Tschechei.
Doch eines nur, das sag ich dir:
Wir flogen dran vorbei!

Wir landeten an deinem Haus,
direkt vor deiner Tür.
Du glaubst es nicht? Dann schau heraus!
Ich hoff', dann glaubst du's mir.

kurzprosa und ein hoerspiel. gemischte jahre.

Ein Sommerabend

Ein älterer Herr sitzt im Schaukelstuhl auf der Veranda. Es beginnt gerade zu regnen, als ich sie betrete. Der Herr lacht. Als ich mich umdrehe, sehe ich es: Dieser Mann war es, mit dem ich viel Zeit verbrachte.
„Guten Tag", sagt er.
Ich lache. „Du hast dich nicht verändert."
Der Sitzende schweigt. Wir hatten uns nie unsere Namen gesagt. Wir haben so gut wie nie miteinander geredet.
Ich weiß noch, wie es plötzlich anfing zu regnen. Ich ging gerade den Weg entlang, der nach dem Regen nur noch aus Matsch und Lehm bestand.
Da kam er. Er hatte einen grünen Rucksack an und fragte mich, ob ich ein Plätzchen haben wollte. Es war trockenes Buttergebäck aus dem Supermarkt. Trotzdem tat es gut, etwas zu essen. Dann fragte er noch, ob ich auch auf der Suche sei.
„Wonach?", habe ich ihn gefragt.
„Nach dem Leben."
Da hatte er Recht. Ich brauchte einen Neuanfang. Haus weg, Arbeit weg, Frau und Kinder weg. Anscheinend hatte er ein ähnliches Schicksal. Also ging ich noch ein langes Stück mit ihm. Als es Abend wurde, schlug er ein Zelt auf. Ich fragte, ob darin auch noch Platz für mich wäre, da ich außer einer Tageszeitung vom 5. März 1970 und ein paar Anziehsachen nichts bei mir hatte.
Er sagte mir, dass er noch eine Ersatzluftmatratze dabeihätte.
Die Nacht war angenehm warm. Als ich wach wurde, sah ich, dass er nicht mehr im Zelt war. Als ich heraus sah, sah ich ihn vorm Zelt sitzen. Er malte.
„Guten Morgen", begrüßte ich ihn.
Er drehte sich um und sagte: „Gut, dass du wach geworden bist. Ich habe mit dem Frühstück auf dich gewartet."

Er hatte auf einem Campingtisch zwei Apfelsinen, eine Flasche Wasser und die Dose mit dem Buttergebäck gestellt.
„Teller haben wir keine", erklärte er mir monoton.
Nach dem Frühstück gingen wir weiter. Die Sonne schien, wir hatten uns unsere Jacken ausgezogen.
„Wo sind wir hier?", fragte ich meinen Begleiter.
„Ich weiß nicht."
Dann schwiegen wir. Plötzlich hörte ich Musik.
„Musik? Hier?", fragte mein Gefährte mich, als ich es ihm sagte.
Da flog etwas über unsere Köpfe.
„Ein Frisbee", stellte ich fest.
Und schon kamen zwei Frauen in Winterstiefeln an. Sie lachten.
„Verzeihung, das ist unser Frisbee", sagte die eine.
Die andere hatte einen CD-Spieler in der Hand.
„Wir machen ein Picknick. Ist das hier verboten?", fragte sie.
Ich antwortete: „Woher soll ich das denn wissen?"
„Ach, dann sind Sie gar nicht der Förster?", fragte die mit dem Frisbee.
„Gut, dann gehen wir weiter." Die zwei eigenartigen Frauen entfernten sich wieder.
„Seltsam", sagte ich nur.
Ich bekam plötzlich Hunger.
„Sollen wir etwas essen?", fragte er.
Ich bejahte. Also aßen wir wieder etwas Buttergebäck. Nach dieser Stärkung zogen wir weiter. Ich hörte auf einmal Autos fahren. Da war eine Straße!
„Komm! Vielleicht können wir mit jemandem ein Stück mitfahren!", schlug ich vor.
Und tatsächlich: Eine Frau nahm uns in ihrem gelben Kleinwagen mit.
„Ich fahre nach Hannover. Wollt ihr auch dorthin?"
„Vielleicht", antwortete ich.
„Vielleicht? Schön", sagte sie. „Ich mag dich."

Ich fand es ein bisschen seltsam, dass sie nach ein paar Minuten schon wusste, dass sie mich mag. Abends kamen wir an.
„Wisst ihr schon, wo ihr schlafen wollt?", fragte die Frau. Ich schüttelte den Kopf.
„Nicht? Schön. Dann könnt ihr bei mir schlafen."
„Wirklich? Das ist nett."
Sie ging mit uns zu einem runden Haus, das gelb angestrichen war. Als wir dann auch noch auf einem gelben Holzweg zur gelben Haustür gingen, wusste ich, dass Gelb ihre Lieblingsfarbe war.
„Gefällt euch mein Haus? Ja? Schön. Ich habe es selbst entworfen. Ich bin Architektin."
Innen setzten wir uns auf ein gelbes aufblasbares Sofa und schauten uns im Fernsehen eine Volksmusiksendung an. Danach zeigte die Frau uns die Gästezimmer. Die beiden Betten und die Wände waren ebenfalls gelb angestrichen. Dort gab es auch einen Schrank und einen Tisch, natürlich beides gelb.
Auch dort schlief ich gut. Morgens weckte uns die Architektin mit einer kleinen Glocke.
„Das Frühstück ist gemacht. Ihr seid wach? Schön."
Wir saßen auf seltsamen und unbequemen gelben Sitzkissen. Besagtes Frühstück, bestehend aus Omelette und Grenadine-Sirup, stand auf gelben Plastiktabletts, diese wiederum lagen auf kleinen Tischen aus gelbem Pappkarton.
„Von einem belgischen Designer. Gefallen sie euch? Ja? Schön."
Nach dem Frühstück entschloss die eigenartige Frau sich, sich einen Tag frei zu nehmen, um uns die Stadt zu zeigen. Wir sahen Sachen, die wir sonst nie gesehen hätten. Galerien, Skulpturen und dergleichen. Da sah ich einen Mann mit Wanderschuhen, einem Anzug und einem Hut auf uns zukommen.
„Udo!", rief unsere Begleiterin. „Geht es dir gut? Ja? Schön."
Sie umarmte den Mann.
„Wer ist das?", fragte Udo.

„Das sind nette Leute."
„Nett?", fragte Udo.
Ich sah, dass er die ganze Zeit auffällig auf einem Kaugummi herumkaute.
„Seid ihr unterwegs? Ich kann euch mit nach St. Petersburg nehmen", bot Udo an.
Wir willigten ein. Udo packte uns mitsamt Gemälden und Skulpturen in einen weißen Transporter, auf dessen Türen in Großbuchstaben „Schmitz-Logistics" stand.
„Ein Freund", erklärte der immer noch kauende Udo.
In Russland angekommen, hielten wir vor einer blauen Halle. „Messegelände" stand dort auf einer großen Metalltafel in vielen verschiedenen Sprachen geschrieben. Eigentlich stand dort nur „Me s g l n e", aber Udo klärte uns auf. Er öffnete ein Eisentor und betrat eine große Halle. Dort griff er zum Handy.
„Wladimir? Do you come? Okay. See you soon."
Wir warteten eine Weile, bis ein Mann mit Pelzmütze die Halle betrat. Ich sah kein Fahrzeug, also musste er zu Fuß gekommen sein.
„Hello, Wladimir!"
Wladimir schrie mit heiserer Stimme: „Hello, Udo!"
Mein Begleiter, der sich lange nicht mehr zu Wort gemeldet hatte, sagte: „Lassen wir die zwei mal in Ruhe organisieren. Komm. Ich möchte dir etwas erzählen."
Und so erzählte er mir sein Leben. Es war so mitreißend, dass ich dachte, ich wäre dabei gewesen. Was er erzählte, weiß ich noch genau, aber das trägt auch zum Geschehen nichts bei.
Es dauerte, bis Udo rief: „Leute! Wir sind fertig! In zwei Stunden wird eröffnet."
Wir kamen und Udo sagte aufgeregt: „Der Catering-Service! Er muss gleich kommen!"
Doch da kam schon ein Transporter.
„In der letzten Minute!", regte Udo sich auf.

Da hörten wir eine uns bekannte Stimme. „Bin ich zu spät? Nein? Schön."
Die Architektin war gekommen. Udo zeigte ihr und uns die Ausstellung. Sie bestand aus Leinwänden, auf die bunte Flecken gemalt waren, Skulpturen, die ich hier nicht beschreiben kann, und Taschenrechnern, die an Schnüren von der Decke hingen. Wir blieben noch den ganzen Tag da. Wir schliefen im Transporter.
Morgens blieb der Weckruf der Architektin aus.
„Sie sind weg. Nachts ist er aufgestanden, hat sie geweckt und ist mit ihr im zweiten Transporter weggefahren. Das soll ich dir überreichen."
Udo reichte mir ein Blatt gelbes Briefpapier, auf dem geschrieben stand: „Sei mir nicht böse. Bist du uns böse? Du bist uns nicht böse? Schön. Auf ein baldiges Wiedersehen."
Außerdem stand unter dem eigentlichen Text noch ein „PS", in das sie ihre Adresse geschrieben hatte.
Mindestens zwölf Jahre war das her. Und jetzt stehe ich hier. Die Architektin lässt mich ein.
„Kommst du auf die Veranda? Ja? Schön."
Ein älterer Herr sitzt im Schaukelstuhl auf der Veranda.
„Die Welt ist klein. Das Leben ist ein ewiger Kreis."

Das Haus im Ahornweg

„Soso … und was geschah dann?"
„Ich bin sicher, das waren Außerirdische!"
Der Mann, der da mir gegenüber auf dem Sofa lag, schien mir gar nicht mehr zuzuhören. Ich wiederholte meine Worte und endlich reagierte er.
„Ich sollte nur diese Frau beschatten."
„Und, ist es Ihnen gelungen?"
„Nein. Jetzt ist Sie weg und das Haus auch."
„Das FBI hat gesagt, da war noch nie ein Haus."
„Ich saß doch davor, im Auto."
So langsam verlor ich die Nerven. „Fangen Sie einfach ganz von vorne an."
„Mein Name ist Leonard Hughes, ich bin Privatdetektiv und Mr Brown hat mich gebeten, seine Frau zu beschatten. Untreue. Immer dasselbe. So langweilig."
„Und dann?"
„Ich verfolgte ihren Wagen, bis zum Ahornweg. Sie hat das Auto geparkt und ist ein Stück weitergegangen, ich bin hinterhergefahren. Dann ist sie in dieses Haus gegangen. Ganz oben brannte Licht. Ich versuchte Fotos zu schießen, aber man konnte nichts erkennen und irgendwann war auch der Film voll. Dann fing es an, zu qualmen, unterhalb des Hauses stieg ein seltsamer Rauch auf, und das Haus stieg wie eine Rakete in den Himmel auf, bis es nicht mehr zu sehen war. Ich entschied, Brown nicht zu kontaktieren, sondern zuerst einmal zum FBI zu gehen."
Ich unterbrach ihn: „Warum haben Sie das getan?"
„Ich wusste ja nicht, ob er etwas damit zu tun hatte … Na ja, den Rest kennen Sie ja."
Oh ja, den kannte ich. Seit Jahren arbeite ich mit dem FBI zusammen, immer wenn sie einen Psychologen brauchen, rufen sie mich. Das

war jetzt allerdings ein sonderbarer Fall. Ich sollte analysieren, ob an seinem Bericht etwas dran sein könnte. Es ist schwierig, Menschen zu analysieren, die immerzu vom Thema abkommen.

Ich hatte mir die Bilder angesehen, die er gemacht hatte. Erbärmlich schlecht für eine Polaroidkamera.

Ich holte also die Bilder erneut heraus und sah sie mir an. Auf einem konnte man schwach etwas erkennen, die Konturen zweier Menschen, aber mehr auch nicht. Plötzlich öffnete sich die Tür und ein Mann in einem bizarren, silberglänzenden Anzug trat ein.

„Guten Tag, die Herren. Ich muss Ihnen mitteilen, dass Sie leider ein wenig zu viel über uns wissen. Das FBI wird informiert, dass Sie, Hughes, verrückt und nun in einer Anstalt sind und dass Sie, Mr Psychofritze ..."

„Johnson bitte. Marc Johnson. Psychologen sind ehrbare Leute."

Der seltsame Besuch stöhnte. „Gut, Mr Johnson. Sie haben sich abgesetzt, nach Brasilien.

Beweggründe unbekannt. Und was Mrs Brown angeht ... Deren Leiche wird man bald in einem See finden. Es ist gar kein Problem für uns, Körper zu vervielfältigen. Und der Mörder, Sie, Mr Hughes, ist ja sowieso weggesperrt. Und falls jetzt Fragen kommen, ja, auch Mrs Brown hatte sich zu sehr in das Thema ‚Außerirdisches Leben' vertieft. Wie Sie ja vielleicht wissen, war sie Forscherin. Das heißt, beziehungsweise ist sie es immer noch, nur bei uns. Und jetzt bitte ich Sie, sich gut festzuhalten."

Der Mann, der im Auto vor meinem Haus saß, konnte seinen Augen nicht glauben. Das gesamte Gebäude sauste wie von Raketen getrieben hoch in den Himmel, bis es nicht mehr zu sehen war. Ich war sicher, das FBI würde dem Mann nicht glauben und ihn zu einem Psychologen schicken.

Das Ganze würde nie aufhören, solange das FBI alles verfolgte, was irgendwo geschah.

Ein Haus ohne Zeugen in den Himmel zu verfrachten würde weiterhin sehr, sehr schwierig werden.

*

Jetzt sitze ich hier, in irgendeinem futuristischen Gebäude, irgendwo im Weltall, und schreibe. Da kommt noch einmal der Mann im Silberanzug. „Sie haben Glück gehabt. Es war ein Bilderbuchstart."

Unter dem Teppich

Es war ein verhältnismäßig normaler Tag. Morgens um sechs stand er auf, zog sich an, frühstückte und verließ mit seinem Aktenkoffer das Haus.
Auf der Arbeit geschah auch nichts Besonderes, seine Angestellten hatten Respekt vor ihm und das war auch gut so.
Abends kehrte er wieder nach Hause zurück. Zum Glück war der Weg nicht weit, nach fünf Minuten war er wieder daheim.
Er legte seinen Koffer beiseite, zog den Mantel, die Schuhe und das Jackett aus und stattdessen seine alte Hausjacke und die Pantoffeln an.
Es hätte ein gemütlicher Abend werden können, doch dann sah er die Erhebung unter dem Teppich.
Laut fluchte er: „Himmel Herrgott! Was ist das denn?" Er versuchte es zu ertasten, aber es bewegte sich weg von ihm. War das ein Traum? Etwas unter dem Teppich, das sich bewegt? Er dachte an die alte Regel, dass man sich, wenn man sich nicht sicher war, ob man träumt, zwicken müsste. Obwohl er nie daran geglaubt hatte, tat er es. Bis auf die Tatsache, dass er Schmerz spürte, geschah nichts.
Er überlegte, die Polizei zu rufen, tat es aber doch nicht. Er dachte an seinen Sohn, der Polizist war. Er hatte ihm erklärt, dass das Nervigste, was es für einen Polizisten gibt, Personen sind, die die Polizei nur wegen ihrer Hirngespinste riefen.
Nicht, dass das ein Hirngespinst war, aber eigenartig erschien es ihm doch.
Während der Mann sich setzte und weiter überlegte, entschied das Wesen, wieder unter der Erde zu verschwinden.
Als der Hausbesitzer sich endlich entschieden hatte und zum Telefon gehen wollte, warf er erneut einen Blick auf den Teppich, doch die Erhebung war verschwunden.
Er nahm etwas Baldrian ein, versuchte, seine Lieblingssendung im Radio zu hören, und begab sich dann ins Bett. Am nächsten Morgen

sah er zuerst im Wohnzimmer nach, aber unter dem Teppich bewegte sich nichts. Also zog er sich an, frühstückte und ging mit seinem Aktenkoffer ins Büro. Auch als er zurückkehrte, konnte er nichts entdecken. Damit war die Geschichte für ihn erledigt.
Doch da hatte er falsch gedacht.
Zwei Wochen verstrichen, dann geschah es wieder.
„Jetzt reicht es mir!", schrie er und packte einen Stuhl. Er holte weit aus und ließ den Stuhl auf den Boden hinabsausen, doch das Etwas lief wieder vor ihm weg, wobei es den Tisch, mit der schönen und vor allem teuren Lampe, die sofort zerbrach, umstieß. Der Mann war außer sich. Er ging an das Ende des Teppichs und zog daran. Alles, was auf dem Teppich stand, kippte um, zerbrach oder schlug Kerben ins Parkett.
Das Wesen unter dem Teppich erschrak. Es versuchte zu fliehen, doch der Mann packte es.
„Was bist du?", schrie er.
„Ich bin all das, was du unter den Teppich gekehrt hast. Deine Frau zum Beispiel …"
„Nein!", schrie der Mann. „So etwas gibt es nicht. Ich werde starkes Fieber haben."
„Nein, hast du nicht", sagte das Wesen. „Alles, was man unter den Teppich gekehrt hat, wird sich ansammeln und irgendwann zurückkehren. Deine Frau, du hast sie nicht verlassen, wie du es allen erzählst. Sie war es. Du warst ihr zu sehr mit dir selbst beschäftigt. Du hattest nur deine Firma und dich. Doch du bist zu stolz, zu sagen, dass deine Caitlin dich verlassen hat. Weißt du, was du noch unter den Teppich gekehrt hast? Dass deine Firma eigentlich pleite ist. Du spielst allen nur etwas vor!"
Der Mann sank zusammen. Er hatte es gewusst. Irgendwann kommt alles ans Licht.
Da ging er zum Telefon und wählte die Nummer, die er auswendig konnte.

„Caitlin? Ich bin's, Gregory. Nein, ich habe dich nicht vergessen. Ja, ich bin zu sehr mit mir selbst beschäftigt. Gib mir eine zweite Chance, ja? Ich brauche dich. Jetzt erst habe ich gesehen, was ich alles falsch gemacht habe. Komm zurück, bitte!" Nach Caitlins Antwort legte er auf und lächelte. Er zog die Hausjacke aus und das Jackett an.

„Als Nächstes rufe ich meine Angestellten an", sagte er zu dem Wesen, doch dieses schrumpfte immer mehr, bis es ganz verschwunden war.

Der Löwe und die Blaubeeren

Ich packe meinen Schulranzen, wie jeden Morgen. Eigentlich hätte ich das schon am Abend machen sollen, das sagt Mama jedes Mal. Ich suche mein Matheheft und die ganzen Bücher zusammen, packe das Mäppchen ein.
Mama schmiert mir ein Pausenbrot.
„Salami, bitte!"
Ich schlüpfe aus den Pantoffeln und ziehe mir meine Gummistiefel an, schön gelb sind sie. Es regnet in Strömen, Pfützen bilden sich.
„Tschüss, Mama!", rufe ich und verlasse das Haus. Bis zur Schule ist es nicht weit, man muss ein kurzes Stück durch den Wald gehen und dann die Hauptstraße.
Wie immer trödle ich herum, schaue mir die Bäume an, die vielen kleinen Käfer, plansche in den Pfützen, die Gummistiefel müssen schließlich ihren Zweck erfüllen. Am Wegesrand sehe ich Blaubeeren, unzählige, schön groß und rund, es wachsen viele hier im Wald. Ich bücke mich und will ein paar pflücken, da höre ich plötzlich eine tiefe Stimme. „Hey, was machst du da?" Ich drehe mich um. Steht da der Förster? Ach nein, es ist nur ein Löwe.
Mit seiner dunklen und erhabenen Stimme sagt er: „Das sind meine Blaubeeren."
„Oh, entschuldige, das wusste ich nicht."
„Ich habe Hunger", sagt der Löwe traurig. Er zeigt mir ein kleines Körbchen, es sind nur ein paar Blaubeeren drin. „Eigentlich wollte ich Pilze sammeln, aber es hat keine hier im Wald. Esskastanien hat es erst wieder im Oktober."
Ich antworte ihm: „Das stimmt, dieses Jahr hat es wenig Pilze, der Sommer war so heiß und trocken."
„Nimm dir ruhig ein paar Blaubeeren", sagt der Löwe. „Hier sind so viele, viel zu viel für mich alleine. Meine Frau ist letztes Jahr gestorben."

„Oh, das tut mir leid."
Ich schaue dem Löwen ins Gesicht. Er ist alt, und eine Träne kullert ihm über die Wange. Er ist auch ziemlich dünn und zittert.
„Ich werde auch bald sterben müssen", sagt er mit leiser Stimme. Ich schweige betreten. Der Löwe gibt mir einige Beeren.
„Da, nimm, und geh jetzt zur Schule. Du kommst sonst zu spät."
Ich greife in meinen Ranzen und gebe dem alten Löwen mein Pausenbrot. „Magst du Salami?", frage ich ihn.
„Oh", antwortet er, „lecker, habe ich ewig nicht mehr gegessen. Vielen Dank."
Dann gehe ich zur Schule. Der Löwe geht mir nicht mehr aus dem Kopf.
Kaum ist die letzte Stunde vorbei, laufe ich sofort in den Wald. Sorgfältig gefaltet und ohne einen einzigen Krümel liegt das Butterbrotpapier auf dem Waldboden.
Der Löwe ist weg.

Mein Herz funktioniert elektronisch

Hörspiel

Personen:
Erzähler
Edgar
Luise
Tänzerin
Polizist
Polizistin
Figur aus Plastik
Hermann der Cherusker
Elektroniker
Martina
Edgars Klon

Musik.

Edgar: Huhu! Hallo! Wo bin ich?

Luise: Ich kann Ihnen meine Legitimation zeigen.

Edgar: Ich will keine Legitimation sehen. Ich will die Wahrheit wissen!

Erzähler: Mein Herz funktioniert elektronisch. Hörspiel von Jan Wienowiecki.

Zuggeräusche.

Erzähler: Edgar und Luise sitzen im Zug.

Edgar: Bahnlärm macht krank.

Luise: Der Meinung bin ich auch.

Edgar: Warum fahren Sie dann mit der Bahn?

Luise: Weil ich es kann.

Edgar: Besuchen Sie jemanden?

Luise: Nein, ich fahre einfach so.

Edgar: Ohne Grund? Ohne Zweck?

Luise: Ohne Grund. Ohne Zweck. Und Sie?

Edgar: Ich fahre zu einem Arzt.

Luise: Sie müssen mit dem Zug zum Arzt fahren? Gibt es keinen bei Ihnen in der Nähe?

Edgar: Doch, aber der ist verrufen. Er soll einmal einer Frau fälschlicherweise ein Aneurysma diagnostiziert haben, woraufhin sie daran verstorben ist.

Luise: Ach, wie heißt er denn?

Edgar: Man darf seinen Namen nicht nennen, sonst wird man krank.

Luise: Ich bin schon krank, schon lange.

Edgar: Woran leiden Sie denn?

Luise: An Schwachsinn.

Edgar: An welchem Bahnhof müssen Sie aussteigen?

Luise: Das ist mir egal.

Edgar: Passen Sie auf sich auf. Ich werde nun diesen Zug verlassen.

Luise: Wir werden uns wiedersehen.

Edgar: Warum?

Luise: Weil es so sein wird.

Erzähler: Edmund verlässt den Zug. Er ist sehr verwirrt.

Edgar: Ich bin sehr verwirrt, aber dass ich Edgar heiße, weiß ich immer noch.

Erzähler: Entschuldige. Er kramt den Stadtplan aus der Tasche seines Trenchcoats. Er liest und liest, kann aber die Straße nicht finden.

Tänzerin: Guten Tag.

Edgar: Guten Tag.

Tänzerin: Kann ich Ihnen helfen?

Edgar: Ich suche eine Straße, und zwar die Straße, in der sich die Praxis meines Arztes befindet.

Tänzerin: Oh nein! Gehen Sie da nicht hin! Es ist gefährlich dort! Es ist gefährlich dort!

Edgar: Ich verstehe Sie nicht.

Tänzerin: Niemand versteht mich. Ich bin eine Tänzerin, meist tanze ich und spreche nicht.

Edgar: Meine Mutter war eine gute Tänzerin.

Tänzerin: Ich weiß. Sie hat immer mit Ihrem Vater getanzt, Slowfox, Rumba, Cha-Cha-Cha und an guten Tagen auch mal einen Tango.

Edgar: Wenn sie zu acht waren, haben sie eine Quadrille getanzt.

Erzähler: Als sie jung waren, tanzten der Vater und die Mutter tage- und nächtelang. Pausenlos. Die Mutter war eine gute Tänzerin, der Vater nicht, aber das machte nichts aus, wenn er etwas getrunken hatte, fiel es nicht auf.

Tänzerin: Und, sind Sie ein guter Tänzer geworden?

Edgar: Nein, mitnichten. Ich bin Versicherungsdetektiv geworden. Sind Sie versichert?

Tänzerin: Nein.

Erzähler: Von der Seite kommen ein Polizist und eine Polizistin. Sie tragen blaue Uniformen.

Polizist: *hustet* Gehen Sie weiter! Es ist verboten, hier stehenzubleiben!

Tänzerin: Tanzen Sie, Herr Polizist, tanzen Sie!

Polizistin: Mein Kollege tanzt nicht!

Polizist: Und ob ich tanze, Sibylle, und ob ich tanze!

Polizistin: Ich heiße gar nicht Sibylle, ich heiße Anouschka!

Edgar: Warum wissen Sie nicht, wie Ihre Kollegin mit Vornamen heißt?

Polizist: Vornamen sind unnötig. Unnützes Beiwerk. Unnütz wie ein Apfelschneider oder ein Hühnchen-Entbeinungs-Roboter!

Edgar: Dann habe ich aber ein großes Problem.

Tänzerin: Warum?

Edgar: Ich habe keinen Nachnamen. Ich heiße einfach Edgar, das ist mein Problem.

Polizistin: Wenn Sie ein Problem haben, ist die Polizei der richtige Ansprechpartner.

Polizist: Menschen ohne Nachnamen helfen wir nicht. Diese existieren nämlich gar nicht.

Edgar: Aber natürlich existiere ich. Ich stehe doch vor Ihnen.

Polizistin: Natürlich. Nun haben Sie sich nicht so, Herr Kollege.

Polizist: Es ist so. Besitzen Sie einen Ausweis, Edgar?

Edgar: Ich besitze mehrere Ausweise.

Polizist: Aha! Da haben wir es schon! Wie kann eine Person mehrere Ausweise haben?

Edgar: Ich habe einen Fahrausweis der Stadtwerke, einen Büchereiausweis und einen Presseausweis.

Polizist: Sie sind von der Presse?

Edgar: Jawohl.

Polizistin: Und was steht dann unter Ihren Artikeln?

Edgar: Edgar.

Polizist: Edgar, wie klingt das denn? Da fehlt doch ein Nachname.

Polizistin: Wenn er nun mal keinen Nachnamen hat.

Polizist: Er muss doch einen haben. Wie heißt denn Ihre Mutter?

Edgar: Mama.

Polizist: Und Ihr Vater?

Edgar: Papa.

Polizistin: *mit Nachdruck* Und mit Nachnamen?

Edgar: Ich weiß nicht. Sie hatten keinen.

Tänzerin: Sind sie tot?

Edgar: Nein, ich lebe noch.

Polizist + Polizistin: Nicht Sie, Ihre Eltern!

Edgar: Nein. Sie haben sich totgetanzt.

Polizist: Ich habe mich nicht totgetanzt.

Edgar: Nicht Sie, meine Eltern!

Tänzerin: Das ist aber ein romantischer Tod. Sind sie gemeinsam gestorben?

Edgar: Natürlich. Auf der Tanzfläche.

Polizistin: Wie ist die Beerdigung verlaufen?

Edgar: Ich weiß es nicht, ich war nicht dabei.

Polizist: Sie waren nicht bei der Beerdigung Ihrer Eltern?

Edgar: Nein. Ich war in Sri Lanka.

Polizist: Heißt es nicht „auf Sri Lanka"?

Polizistin: Natürlich.

Tänzerin: Ungeziefer! Ungeziefer!

Erzähler: Der Bürgersteig füllt sich mit Ungeziefer.

Polizist: Weitergehen! Weitergehen!

Erzähler: Sie gehen weiter.

Tänzerin: Waren Sie wirklich auf Sri Lanka?

Edgar: Natürlich war ich das. Gemeinsam mit George Michael.

Polizist: Nicht reden, weitergehen, zack, zack!

Edgar: Sie haben mit gar nichts vorzuschreiben, Sie, Sie, Sie Polizist, Sie!

Polizistin: Er hat Sie beleidigt, Herr Kollege!

Polizist: Ich habe zwar keinen Vornamen, aber Ohren habe ich!

Edgar: Und nun?

Tänzerin: Sie wollten doch zum Arzt!

Edgar: Oh ja, das wollte ich.

Polizist: Nichts da! Sie bleiben hier!

Erzähler: Edgar rennt.

Edgar: Hilfe, Hilfe, ich brauche Hilfe, Hilfe, Hilfe!

Figur aus Plastik: Soll ich Ihnen helfen? Ich bin zwar aus Plastik, aber ich bin eigentlich recht geschickt.

Erzähler: Vor Viktor steht eine Figur aus Plastik.

Edgar: Hey! Ich heiße Edgar, nicht Viktor.

Erzähler: Entschuldige.

Edgar: Figur aus Plastik, wie kannst du mir helfen?

Figur aus Plastik: Ich kann dir helfen, indem ich dir die Angst nehme.

Edgar: Das kann niemand.

Figur aus Plastik: Doch, ich kann das, via Hypnose.

Edgar: Ich werde von der Polizei verfolgt. Man verfolgt mich!

Figur aus Plastik: Polizeigewalt ist eine ernsthafte Sache. Damit ist nicht zu spaßen!

Edgar: Jawohl!

Figur aus Plastik: Jetzt schließen Sie die Augen. Schließen Sie sie.

Edgar: Ich schließe sie.

Figur aus Plastik: Sie sind jetzt ein Vogel. Sie fliegen über die Insel Hiddensee. Sie ist schön. Sie hat die Form eines Seepferdchens. Beruhigen Sie sich. Alles wird gut.

Edgar: Was ist das? Was ist das? Hilfe! Hilfe!

Figur aus Plastik: Die Hypnose ist schiefgelaufen! Erwache! Erwache aus der Trance!

Erzähler: Edgar erwacht.

Edgar: Was ist geschehen?

Figur aus Plastik: Die Hypnose ist schiefgelaufen.

Edgar: Ich erinnere mich nicht mehr.

Polizist: Hey, da ist er! Annika, da ist er!

Polizistin: Anouschka heiße ich!

Figur aus Plastik: Eduard, beeilen Sie sich!

Edgar: Ich heiße Edgar!

Erzähler: Erich rennt wie von einer Tarantel gestochen durch die Gegend. Die Polizei verfolgt ihn. Das ist nicht schön.

Edgar: Ich wollte doch nur zum Arzt!

Polizist: Da haben wir Sie! Nix da Arzt! Festgenommen sind Sie! Annalena, walte deines Amtes.

Polizistin: Anouschka heiße ich! Und jetzt ziehe ich meine Waffe und erschieße dich!

Ein Schuss.

Edgar: Fräulein Anouschka! Sie haben doch nicht etwa Ihren Kollegen erschossen?

Polizistin: Doch, sehen Sie doch. Endlich bin ich befreit von ihm. Ich bin befreit von meinem Dämon. Sie können es sich nicht vorstellen, wie es ist, mit einem solchen Kollegen zusammenzuarbeiten. Menschen ohne Vornamen taugen nichts, sie sind anonym, nur ein nichtssagender Nachname, Nachnamen sind Schall und Rauch! Man sollte alle Leute ohne Vornamen erschießen! Und überhaupt! Und überhaupt!

Erzähler: Die Polizistin namens Anouschka redet sich in Rage. Ewald nutzt die Chance und flieht vor ihr.

Figur aus Plastik: Und was wird aus mir?

Erzähler: Du wirst aus dem Skript gestrichen!

Figur: Hey! Das ist nicht f...

Edgar: Endlich habe ich meine Ruhe. Ich werde nun zum Arzt gehen. Er heißt, er heißt, ach, verflucht! Ich werde ihn auch so finden. Ich werde ihm sagen: Herr Doktor, ich habe ein Problem, mein Herz, es funktioniert nicht richtig, ich habe die Vermutung, dass es elektronisch funktioniert, aber ich weiß es nicht, ich weiß es nicht, und das lässt mich nachts nicht schlafen, ich reiße Bäume aus, nachts, male Parkbänke an, bete das Vaterunser, nur weil ich nicht weiß, was mir fehlt! Es ist eine Qual!

Hermann der Cherusker: Sind Sie Deutscher?

Edgar: Ja. Warum?

Hermann der Cherusker: Immer wenn die Deutschen meine Hilfe brauchen, bin ich zur Stelle – ein mythischer Held, der Geschichte geschrieben hat.

Edgar: Sie sind Hermann der Cherusker!

Hermann der Cherusker: Jawohl, der bin ich.

Edgar: Dann helfen Sie mir bitte! Noch nicht mal Hypnose hilft bei mir!

Hermann der Cherusker: Ich helfe mit meinem Schwert und meinen Kriegern!

Edgar: Und wo sind sie, deine Krieger?

Hermann der Cherusker: Bitte siezen Sie mich!

Edgar: Jawohl, Hermann!

Hermann: Ich werde mir nun eine Strategie überlegen. Lassen Sie mir etwas Zeit, und wir werden als Sieger aus dieser Schlacht hervorgehen!

Edgar: Ich habe aber keine Zeit!

Erzähler: Erwin hatte wirklich keine Zeit.

Edgar: So, und jetzt zack, zack zum Arzt. Kommen Sie mit, Hermann?

Erzähler: Hermann bewegt sich nicht.

Edgar: Hermann?

Erzähler: Hermann ist zu einem Denkmal geworden.

Edgar: Dann gehe ich mal weiter. Ach, da steht es ja: Arztpraxis. Da muss ich wohl hin.

Erzähler: Erdal geht die Treppen hoch.

Es ist sehr laut.

Edgar: Guten Tag.

Elektroniker: *brüllt* Sie müssen lauter reden! Meine Herzmaschine läuft!

Edgar: *brüllt nun auch* Guten Tag.

Sie brüllen weiterhin.

Elektroniker: Guten Tag. Wie kann ich Ihnen helfen?

Edgar: Ich muss zum Arzt.

Elektroniker: Oh, das tut mir leid, so leid, ich muss ihnen leider mitteilen, dass der Arzt mit George Michael auf Sri Lanka ist und ich ihn vertrete. Ich bin jedoch kein Arzt, sondern ein Elektroniker.

Edgar: Das ist ja himmlisch! Dann können Sie mir sicherlich helfen.

Elektroniker: Was ist denn?

Edgar: Mein Herz, es funktioniert nicht richtig.

Elektroniker: Funktioniert es etwa elektronisch?

Erzähler: Erwin springt vor Freude in die Luft.

Elektroniker: Wie?

Erzähler: *brüllt* Erwin springt vor Freude in die Luft!

Edgar: Genau das ist es! Ich vermute, dass mein Herz elektronisch funktioniert.

Elektroniker: Dann rufe ich meine Kollegin Martina zur Hilfe! Martina? Martina!

Martina: Ich bin hier, Elektroniker.

Elektroniker: Wo?

Martina: Unter dem Fußboden.

Elektroniker: Ach so. Komm raus.

Martina: Du stehst auf der Fliese.

Erzähler: Der Elektroniker geht von der Fliese runter.

Martina: Puh, das ist eng da unten. Schrecklich eng. Wie kann ich helfen?

Elektroniker: Stell die Herzmaschine aus und schau dir diesen jungen Mann an.

Der Maschinenlärm verebbt. Vögel zwitschern.

Martina: Dann schauen wir doch mal. Jaja. Soso. Aha. Äh. Äh. Hm. Hm. Der Fall kommt mir bekannt vor, und ich weiß auch woher. Ich habe einen Klon von Ihnen hier, kann das sein?

Edgar: Ein Klon? Nie im Leben!

Elektroniker: Doch, jetzt, wo Martina es sagt. Jaja, das ist so. Dahinten, im 32. Regal, unter dem Chamäleon und über der rosaroten Brille.

Edgars Klon: Wird von mir geredet?

Edgar: Nein! Nein! Ich möchte nicht! Das ist ja schrecklich! Das bin ja ich!

Edgars Klon: Genau so ist es. Schön, nicht wahr?

Edgar: Es ist mitnichten schön! Bald weiß ich gar nicht mehr, wer ich wirklich bin!

Martina: Das weiß ich schon lange nicht mehr.

Elektroniker: Mir geht es auch so. Manchmal fühle ich mich, als wäre ich Roberto Blanco.

Martina: Du bist es nicht?

Elektroniker: Mitnichten.

Edgars Klon: Und was geschieht jetzt mit mir?

Elektroniker: Ja nichts. Edgar ist dein Boss, nicht du.

Edgar: Ich will gar nicht sein Boss sein! Er ist mein Klon und nicht mein Untergebener.

Edgars Klon: Das ist doch das Gleiche.

Martina: Bist du wirklich Edgars Klon?

Edgars Klon: Nein, ich bin wirklich Edgar.

Edgar: Das stimmt nicht!

Elektroniker: Doch, jetzt wo Martina es sagt. Jaja, das ist so. Du bist in Wirklichkeit Edgars Klon, kein Wunder, dass dein Herz elektronisch funktioniert!

Edgar: Nein! Ich will kein Klon sein! Ich will ein eigenständiges Individuum sein!

Martina: Anouschka, nimm ihn fest!

Polizistin: Ich kann nicht, ich liebe diesen Mann!

Martina: Nein, ich liebe diesen Mann!

Klon von Edgar: Blödsinn! Du bist verheiratet!

Elektroniker: Holt Luise, die weiß über alles Bescheid!

Martina: Luise! Luise!

Luise: Ich muss noch kurz meinen Text auswendig lernen, einen Moment bitte, ja, jetzt, ich komme jetzt rein.

Edgar: Luise!

Edgars Klon: Luise!

Edgar: Huhu! Hallo! Wo bin ich?

Luise: Ich kann Ihnen meine Legitimation zeigen.

Edgar: Ich will keine Legitimation sehen. Ich will die Wahrheit wissen!

Erzähler: Mein Herz funktioniert elektronisch. Hörspiel von Jan Wienowiecki.

drei dramen. 2010–2011.

Die gestorbene Königin

Drama in drei Akten (oder so)

Personen und Orte in der Reihenfolge ihres Erscheinens

Räuber 1
Räuber 2
Boutiqueverkäuferin
Königin
Arzt
Prinzessin
Amme
Eisverkäufer
Schwester 1
Schwester 2
Bibliothekar
Meuchelmörder
Dieb
Frau
Sprachwissenschaftler
Sängerin

Der Weg
Das Schloss
Die Räuberhöhle
Die Buchhandlung „Anna Achmatowa"
Die Bibliothek
Die Boutique
Der Friedhof

Akt eins

Weg
Räuber 1: *geht mit Räuber 2 hin und her* Geld ...

Räuber 2: ... oder Leben!

Boutiqueverkäuferin: *lässt Kasten fallen, rennt weg*

Räuber1: *hebt Kasten auf* Genug für heute! Zurück in die Räuberhöhle!

Schloss
Königin: *liegt im Bett* Ah ... die Krankheit! *stirbt*

Arzt: Da ist nichts zu machen. Sie ist tot.

Prinzessin: *weint* Oh Mutter! Wie kann ich bloß ohne dich leben?

Arzt geht

Räuberhöhle
Räuber 1: *brät Spanferkel*

Räuber 2: Hmm ... Spanferkel war schon immer mein Leibgericht!

Räuber 1: Ich habe eine geniale Idee: Wir überfallen die Boutique!

Räuber 2: Aber was wollen wir denn mit Röcken und Kleidern?

Räuber 1: Nein! Wir plündern die Kasse der Boutique!

Räuber 2: Was für eine gute Idee! *schläft ein*

Schloss
Prinzessin: Amme, wie sieht es in meinem Kleiderschrank aus?

Amme: Ihr habt exakt 249 Kleider, eure Hoheit.

Prinzessin: *empört* Das ist nicht genug! Ich brauche noch mindestens …

Es klopft

Prinzessin: Herein!

Eisverkäufer: *auf* Eis, wer möchte ein Eis?

Amme: Ich hätte gerne eine Kugel …

Prinzessin: Nichts hättest du gerne! *zum Eisverkäufer*: Verschwinden Sie!

Eisverkäufer: Ich komme wieder! *Geht*

Prinzessin: Da bleibt uns nichts anderes über, Amme *dreht sich zur Tür*, wir müssen zur Boutique!

Amme: Aber … *beide ab*

Buchhandlung „Anna Achmatowa":
Schwester 1: *telefoniert* Gut. Ja. Wie heißt das Buch nochmal? „Wunderwelt Kosmos", ja, das ist von Heinz Kachinsky. Auf den Namen Herbst. Kommt Donnerstag an.

Schwester 2: Schon wieder dieser Kosmos!

Bibliothekar: *tritt ein* Ich suche ein Buch, und zwar ... *kramt in der Tasche* „Wunderwelt Kosmos"

Schwester 2: Tut mir leid, aber das ist ausverkauft.

Bibliothekar: Schade. Ich komme demnächst nochmal. Tschüss!

Schwestern: Bis bald!

Weg
Räuber 2: Wie weit ist es denn noch bis zur Boutique?

Räuber 1: Ungefähr noch eine Stunde.

Meuchelmörder: *auf* Verzeihung, aber wissen Sie, wie lange man zum Schloss braucht?

Räuber 2: Das ist aber ziemlich weit!

Räuber 1: Circa 3,05 Stunden. Im Hellen schaffen Sie das nicht mehr.

Räuber 2: *flüstert* Meinst du ... *laut* Aber wir hätten da was für Sie! Kommen Sie mal mit!

Räuber 1: *zu Räuber 2* Du bleibst am besten hier und bewachst den Karren!

Räuber 2: In Ordnung.

Räuber 1 mit Meuchelmörder ab

Bibliothek
Boutiqueverkäuferin: Guten Tag.

Bibliothekar: Guten Tag.

Boutiqueverkäuferin: Ich würde gerne das Buch „Wie man einen Überfall verhindert" ausleihen.

Bibliothekar: Wir haben aber nur den zweiten Band und der heißt „Was nach einem Überfall zu tun ist", der erste ist ausgeliehen.

Boutiqueverkäuferin: Dann komme ich die Tage nochmal. Tschüss! *geht*

Bibliothekar: Auf Wiedersehen!

Räuberhöhle
Der Dieb sitzt am Lagerfeuer

Räuber 1: *auf* Wen haben wir denn da?

Dieb: Bitte tun Sie mir nichts! Ich bin nur ein armer Dieb, der vor der Polizei geflohen ist!

Räuber 1: Na, da sind Sie bei uns richtig! Willkommen in der Räuberhöhle!

Dieb: Vielen Dank!

Meuchelmörder: Was sagten Sie? Sie sind Dieb? Dann kann ich Sie gut gebrauchen!

Räuber 1: Kann ich Sie für eine Weile hier alleine lassen? Ich habe zu tun.

Dieb und Meuchelmörder: Natürlich. Bis gleich!

Räuber 1: Tschüss! *ab*

Boutique
Die Prinzessin kauft mit ihrer Amme ein Räuber 1: *mit Räuber 2 auf* Geld her!

Räuber 2: Das ist ein Überfall!

Amme, Prinzessin und Boutiqueverkäuferin schreien

Räuber 2: *lässt sich das Geld geben* Ruhe! *zu Räuber 1* Sag mal, ist das da eine echte Prinzessin?

Prinzessin: Ja.

Räuber 1: Dich hat er nicht gefragt! *zu Räuber 2* Glaub schon.

Räuber 2: Dann lass uns sie entführen!

Räuber 1: Ein genialer Einfall! *zur Prinzessin* Du bist entführt!

Räuber 2 fesselt Prinzessin mit Gürtel, knebelt sie und läuft mit ihr zur Räuberhöhle, Räuber 1 hinterher, beide ab

Boutiqueverkäuferin: Zu Hilfe! Zu Hilfe! Polizei!

Bibliothek
Bibliothekar: Guten Tag.

Boutiqueverkäuferin: Guten Tag. Ich hätte gerne ein Buch ausgeliehen, es heißt „Wunderwelt Kosmos".

Bibliothekar: Das haben wir noch nicht hier. Es ist neu. Sie müssen es in der Buchhandlung „Anna Achmatowa" kaufen.

Boutiqueverkäuferin: Vielen Dank, Herr…, Herr…

Bibliothekar: Cubitschek.

Boutiqueverkäuferin: Vielen Dank, Herr Cubitschek.

Bibliothekar: Tschüss!

Boutiqueverkäuferin: Tschüss!

Räuberhöhle
Räuber 2: *mit Prinzessin im Schlepptau* Du bleibst hier, bis wir das Lösegeld haben! *kettet sie fest* Wo sind unsere Gäste?

Räuber 2: *hebt Zettel auf, liest* „Sind ins Wirtshaus gegangen. Tristan und Piotr".

Räuber 1: Eine Unverschämtheit, einfach so zu gehen!

Schloss
Amme: *weint* Oje, oje! Was soll ich jetzt bloß machen? Ich habe niemanden mehr, den ich umsorgen kann und ich bin ganz alleine in diesem großen Schloss!

Boutiqueverkäuferin: *tritt ein* Jetzt nicht mehr. Ich bin gekommen, um mit Ihnen die Prinzessin zu befreien. Ich habe auch jemanden mitgebracht: *nach hinten* Herr Cubitschek, Sie können jetzt kommen!

Bibliothekar: *tritt ein* Ich mache mit!

Buchhandlung „Anna Achmatowa"
Arzt: Ich suche ein Buch, und zwar ...

Schwester 1: „Wunderwelt Kosmos".

Arzt: Nein, das habe ich schon, das, was ich suche, heißt „Lebensmittelallergien und wie man sie erkennt", von Emilio C.-K. Gubtschub.

Schwester 2: Das haben wir hier. *übergibt das Buch* Das macht 14 Mark und 70 Pfennig.

Arzt: *gibt das Geld* Auf Wiedersehen!

Schwestern: Bis zum nächsten Mal!

Räuberhöhle
Räuber 1 und Räuber 2 essen belegte Brote, Prinzessin fegt

Amme, Boutiqueverkäuferin und Bibliothekar laut und bewaffnet auf

Alle drei oben genannten im Chor: Rückt sie raus, rückt sie raus, oder wir verprügeln euch!

Räuber: Was wollen die denn hier?

Amme: Die Prinzessin befreien!

Boutiqueverkäuferin und Bibliothekar: Genau!

Alle drei ziehen an der Kette, an die die Prinzessin festgekettet ist

Alle drei: Hau ruck, Hau ruck, Hau ruck!

Kette zerreißt

Alle bis auf die Räuber: Hurra, hurra!

Bibliothekar: Nichts wie weg! *mit Amme, Boutiqueverkäuferin und Prinzessin schnell ab*

Weg
Meuchelmörder torkelt mit Dieb über den Weg, lallt

Meuchelmörder: Unn dann bringn wia schie umm.

Dieb: Unn ich klau nowass!

Räuber 1: *auf, leise* Immer muss ich alles machen. *laut* Kommt, ich bring euch nach Hause. *legt sie in den Wagen*

Meuchelmörder: Na hausche bringn!

Räuber 1: Ist ja gut. *ab*

Boutique
Erschöpft treten die Boutiqueverkäuferin, der Bibliothekar, die Prinzessin und die Amme ein

Prinzessin: Könnte ich bitte ein Glas Wasser haben? Sie wissen ja, die ganze Aufregung …

Boutiqueverkäuferin: Ich habe hier aber nur Himbeersirup.

Prinzessin: Der tut es auch.

Bibliothekar: *zur Boutiqueverkäuferin, hat ein altes Buch in der Hand* Dürfte ich mir dieses Buch mal ansehen? Wissen Sie, ich interessiere mich sehr für alte Bücher.

Boutiqueverkäuferin: Natürlich. Sie können es auch ausleihen.

Bibliothekar: Vielen Dank, ach … *Pause, dann verlegen* Wie wäre es mit „du"? Also ich bin Bogumil.

Boutiqueverkäuferin: Und ich bin Samantha.

Amme: Majestät, ich glaube, es wäre besser, wir gingen jetzt.

Prinzessin: Das glaube ich auch. *Ab*

Boutiqueverkäuferin: *hinterher* Aber der Himbeersirup!

Räuberhöhle
Räuber 2: *laut* Das Rauben ist des Räubers Lust, das Rauben ist des Räubers Lust, das rau-auben. Das muss ein …

Räuber 1: *flüstert* Psst! Sie schlafen noch!

Räuber 2: *leise* Lange genug! Ich hol mal einen Krug kaltes Wasser. *ab*

Meuchelmörder: *schläfrig* Wasser?

Dieb: Holen?

Räuber 1: *ruft* Komm zurück! Sie sind wach!

Bibliothek
Arzt sucht Regale ab

Bibliothekar: Suchen Sie etwas Bestimmtes?

Arzt: Genau, ich suche ein Kochbuch.

Bibliothekar: Kochbücher sind dahinten. *geht mit Arzt dorthin*

Arzt: Ich sehe es schon! *holt Buch aus dem Regal*

Bibliothekar: Sie interessieren sich für Nudelaufläufe?

Arzt: *in der Lektüre versunken* Nein, eher die Königin.

Bibliothekar: *bestürzt* Die Königin! Gott hab sie selig!

Schloss
Amme: Majestät! Aufwachen! Es ist Dienstag! Ein Tag vor dem großen „Anna- Achmatowa-Gedächtnisball"!

Prinzessin: *wacht auf* Oh Gott, oh Gott! Wir müssen noch ein Ballkleid kaufen!

Amme: Majestät! Ihr habt genug Kleider. Wir werden sicherlich ein Passendes finden. *stöbert im Kleiderschrank*

Prinzessin: Findest du?

Weg
Eisverkäufer: Eis, wer möchte ein Eis?

Dieb: Haben Sie auch Joghurt-Vanille?

Meuchelmörder: *leise* Nur nicht auffällig werden! *zieht ihn weg, beide ab*

Eisverkäufer: Irgendwann muss es mir doch mal gelingen!

Boutique
Leicht abgedunkelt, überall Kerzen …

Bibliothekar: *sitzt mit Boutiqueverkäuferin am Tisch* Es war deine Idee, Samantha! Wenn etwas passiert, übernehme ich keine Verantwortung!

Boutiqueverkäuferin: *lacht* Was soll denn schon groß passieren?

Bibliothekar: Zum Beispiel, dass ich zu viel Wein trinke und morgen, bei der Eröffnungsrede zum großen „Anna-Achmatowa-Gedächtnisball" nur dummes Zeug erzähle.

Boutiqueverkäuferin: Ach, Bogumil!

Räuberhöhle
Räuber 2: Hast du schon vom großen Ball in der Buchhandlung „Anna Achmatowa" gehört? Wie wäre es, wenn ...

Räuber 1: Du meinst, wir sollen die Gäste überfallen?

Räuber 2: Genau! Und ich habe da auch einen Plan ...

Weg
Meuchelmörder: Ich glaube, es wäre besser, wir gingen zurück. Es ist schon ein Uhr und wenn wir ankommen, ist die Prinzessin schon wach.

Dieb: Aber dann kommen wir morgen wieder!

Meuchelmörder: Natürlich!

Dieb: Dann hast du recht. *beide ab*

Räuberhöhle
Räuber 1: Soso, Sie ...

Meuchelmörder: Ihr.

Räuber 1: *genervt* Also wollt ihr die Prinzessin … *flüstert unverständlich*

Dieb: Genau!

Räuber 1: Wisst ihr schon, wann?

Meuchelmörder: Wir wissen es schon …

Dieb: Aber wir verraten es nicht!

Räuber 1: Ach so.

Buchhandlung „Anna Achmatowa"
Schwester 2: *hängt Girlanden auf* Jedes Jahr diese Plackerei!

Schwester 1: Es ist aber auch Spaß dabei.

Schwester 2: Spaß? Was ist am „Anna-Achmatowa-Gedächtnisball" bitte Spaß?

Schwester 1: Na das Tanzen!

Schwester 2: Tanzen? Dir geht es doch nur um die Männer!

Schwester 1: Wenigstens habe ich etwas, das mir Freude macht! *es klopft*

Schwestern: Es ist geschlossen!

Frau: *auf* Aber erkennen Sie mich nicht? Ich bin Dr. Patricia Schnell, vom Medizinischen Institut Braunschweig!

Schwester 1: *öffnet* Frau Schnell! Verzeihen Sie, aber wir sind schrecklich im Stress!

Schwester 2: Wollen Sie nicht reinkommen? Auf ein Tässchen Pfirsichsaft, vielleicht?

Frau: Gerne, aber warum in der Tasse?

Schwestern: Gläser gehen zu schnell kaputt.

Akt zwei

Schloss
Prinzessin: *probiert ein Kleid an* Wie steht mir das?

Amme: Vielleicht etwas zu rot.

Prinzessin: Du hast recht. *geht hinter den Paravent, Pause, kommt raus* Und das?

Amme: Schon viel besser.

Prinzessin: Meinst du, so kann ich zum Ball?

Amme: Ganz bestimmt! Wichtiger ist, ob Ihr Eure Rede vorbereitet habt.

Prinzessin: Auch dieses Jahr ist es uns gelungen ... und so weiter, und so weiter.

Amme: Na dann können wir ja losgehen. *beide ab*

Boutique
Bibliothekar. Sitzt meine Fliege?

Boutiqueverkäuferin: Jaja, Bogumil, nur keine Panik!

Bibliothekar: Wie spät ist es, wie spät ist es? Um sieben müssen wir spätestens los!

Boutiqueverkäuferin: Von hier brauchen wir höchstens fünf Minuten.

Bibliothekar: Aber ich muss noch meine Rede vorbereiten!

Boutiqueverkäuferin: Es wird schon nichts passieren.

Bibliothekar: Aber wenn ein Unglück geschieht, bist du schuld!

Boutiqueverkäuferin: Jaja.

Buchhandlung „Anna Achmatowa"
Frau: Machen Sie sich bereit, die ersten Gäste kommen!

Schwester 2: Was, schon so früh? *Öffnet*

Schwestern: Herzlich willkommen!

Schwester 1: Weil Sie die ersten sind, bekommt jeder von Ihnen zwei Lose der „Anna-Achmatowa-Wohltätigkeitstombola".

Bibliothekar: Ich habe doch gesagt, dass es sich lohnt, wenn wir früh kommen!

Boutiqueverkäuferin: Was kann man denn da gewinnen?

Schwester 1: Aquarelle von Khalid Moghdhan oder signierte Exemplare von „Wunderwelt Kosmos".

Schwester 2: Und vieles mehr.

Schloss
Meuchelmörder: Wir sind da!

Dieb: Meinst du, die Prinzessin schläft schon?

Meuchelmörder: Das nehme ich mal an.

Dieb: Da ist es!

Meuchelmörder: *klettert hinein* Es ist niemand da!

Dieb: Dieser Schwachmaten-Gedächtnisball! Dort werden sie sein!

Meuchelmörder: Dann werden wir hier wohl übernachten müssen!

Räuberhöhle
Räuber 1: Es ist schon spät, wir sollten mal losgehen.

Räuber 2: Also ich bin fertig.

Räuber 1: Hast du Geld dabei?

Räuber 2: Ja, wozu?

Räuber 1: Na, ich dachte, wir kaufen ein Paar Tombolalose. *beide ab*

Buchhandlung „Anna Achmatowa"
Großes Buffet, viele Gäste, Tanzmusik

Frau: *geht zum Mikro* Test, Test. Meine Damen und Herren, falls Sie mich noch nicht kennen, stelle ich mich erst mal vor: Mein Name ist Dr. Patricia Schnell und ich komme vom Medizinischen Institut in Braunschweig und ich habe auch einen besonderen Gast für Sie. Begrüßen Sie mit mir Dr. Schneider-Schmidt!

Arzt: *kommt auf die Bühne* Vielen Dank, vielen Dank! Ich bin gekommen, um Ihnen etwas ganz Besonderes zu zeigen: Emilio C.-K. Gubtschubs „Nudeltod-Theorie".

Bibliothekar: *zu Boutiqueverkäuferin* Ich glaube, ich werde gebraucht.

Boutiqueverkäuferin: Aber deine Eröffnungsrede kommt erst später!

Bibliothekar: Darum geht es nicht! *auf die Bühne* Ich habe etwas zu diesem Buch zu sagen.

Frau: Aber doch nicht jetzt!

Bibliothekar: Doch, genau jetzt! Haben wir einen Sprachwissenschaftler hier?

Sprachwissenschaftler: Ja, hier!

Bibliothekar: Dann kommen Sie mal her! Kennen Sie Anagramme?

Sprachwissenschaftlerin: *auf die Bühne* Natürlich!

Bibliothekar: Mein Name ist Bogumil Cubitschek. Machen Sie mal ein Anagramm daraus!

Sprachwissenschaftlerin: *verblüfft* Emilio C.-K. Gubtschub! Sie haben das Buch geschrieben!

Bibliothek
Räuber 1: Verdammt! Ich sehe niemanden tanzen!

Räuber 2: Hieß der Ball nicht „Anna-Achmatowa-Gedächtnisball"?

Räuber 1: Dann ist er ja in der Buchhandlung! *ab*

Buchhandlung „Anna Achmatowa"
Bibliothekar: Meine „Nudeltod-Theorie" besagt, dass man, sofern man eine „Allergia alla Pasta" hat, nach Genuss eines Nudelauflaufes in einen todesähnlichen Tiefschlaf fällt, der nur von jemandem, der dem Allergiker ein Märchen auf Italienisch erzählt, aufgehoben werden kann.

Arzt: Genau das ist unserer Königin passiert!

Prinzessin: Ist ein Italiener hier?

Sängerin: Ich!

Prinzessin: Dann gehen wir mit ihnen zum Schloss. *mit Arzt, Frau, Sängerin, Boutiqueverkäuferin, Amme und Bibliothekar ab*

Weg
Alle Obengenannten sprechen wild durcheinander

Arzt: Ruhe! Es ist besser, wenn nur die Prinzessin, Frau Dr. Schnell, die Signora und ich erstmal ins Schloss gehen. *alle vier ab*

Buchhandlung „Anna Achmatowa"

Räuber 1: Mist! Sie sind weg!

Räuber 2: Wenn wir nur wüssten, wo sie hingegangen sind!

Räuber 1: Ich weiß es vielleicht! Sie werden ins Schloss gegangen sein!

Räuber 2: Nichts wie hin! *beide ab*

Schloss
Dunkelheit

Dieb: *flüstert* Du, ich glaube, da ist jemand.

Meuchelmörder: Runter!

Arzt: *mit Kerzenleuchter auf* Alarm! Alarm!

Dieb: Ich sagte doch, als Krimineller lebt man gefährlich!

Meuchelmörder: Verschwinden Sie!

Arzt: *schreit* Sie sind da! *fällt in Ohnmacht, die Kerze geht aus*

Bibliothekar: *auf, greift den Kerzenleuchter, zündet ihn an*

Die Frau niest

Bibliothekar: *Kerze geht aus* Himmel noch mal! Wer hat das Licht ausgemacht?

Prinzessin: Zu Hilfe! Zu Hilfe!

Amme: Alles ist gut, alles ist gut!

Sängerin: Polizei! Polizei!

Bibliothekar: Beruhigen Sie sich!

Sängerin: Wo kommen Sie jetzt her?

Bibliothekar: Ich habe den Lärm gehört!

Prinzessin: Lärm? Laut wurde es erst, als Sie kamen!

Frau: *zündet Kerze an* So, jetzt können wir alle ins Bett gehen! *alle ab*

Meuchelmörder: Jetzt ist Sie bestimmt im Bett.

Dieb: Na dann, schlagen wir zu.

Akt drei

In der Buchhandlung „Anna Achmatowa"

Schwester 1: War das anstrengend! Ich bin ja mal gespannt, ob sie die Königin wieder lebendig bekommen.

Schwester 2: Du hast recht. Spaß hat es ja gemacht.

Schwester 1: *lakonisch* Haha …

Schwester 2: Du immer mit deiner schlechten Laune!

Boutique
Boutiqueverkäuferin: Noch einen Kaffee?

Bibliothekar: Hast du keinen Maracujasaft?

Boutiqueverkäuferin: Nein, du weißt doch, dass ich keine exotischen Früchte mag!

Bibliothekar: Weißt du auch, dass ich dich innig liebe?

Boutiqueverkäuferin: Ich habe es geahnt … *lacht, umarmt ihn*

Schloss
Prinzessin schläft

Meuchelmörder: Deine Zeit ist gekommen! *lacht* Nun wird es eine Prinzessin weniger geben! *sticht zu*

Prinzessin: *schreit*

Meuchelmörder: *zu Dieb* Nichts wie weg!

Dieb: Ich habe aber erst 0,6 Gramm Diamanten gefunden!

Meuchelmörder: Beeile dich!

Amme: *nicht zu sehen* Hallo! Ist da jemand?

Dieb und Meuchelmörder: *schnell ab*

Weg/Friedhof
Arzt: Dann fangen Sie mal an, Signora.

Sängerin beginnt zu erzählen

Königin: Was ist denn hier los?

Alle: Hurra! Hoch lebe die Königin!

Arzt: Sie braucht jetzt Ruhe. *zu Königin* Kommen Sie … *mit Königin ab*

Räuberhöhle
Räuber 2: Bin ich müde!

Räuber 1: Kein Wunder, wir sind fünf Stunden lang durch die Stadt geirrt, nur um diese blöden Gäste zu finden!

Räuber 2: Nur um ohne Beute wieder hier zurückzukommen!

Räuber 1: Vielleicht sollten wir jetzt ins Schloss gehen, denn jetzt ist leicht Beute zu machen.

Räuber 2: Nur weil du es bist! *beide ab*

Boutique
Boutiqueverkäuferin: Sollen wir noch mal zu dir gehen?

Bibliothekar: *sucht nach Schlüsseln* Mist, Mist, Mist!

Boutiqueverkäuferin: Was ist denn los?

Bibliothekar: Der Schlüsselbund! Er muss noch im Schloss sein!

Boutiqueverkäuferin: *enttäuscht* Ich warte dann hier.

Bibliothekar: *wütend* Soll das jetzt ein Vorwurf sein?

Boutiqueverkäuferin: Wenn du meinst!

Bibliothekar: Soso, beleidigt sind wir jetzt auch noch!

Boutiqueverkäuferin: *schreit* Du … Du … *weint* Bibliothekar: Du dumme Ziege! *Ab*

Buchhandlung „Anna Achmatowa"
Die Frau steht vor der Tür

Schwester 2: Aber Frau Schnell! Was machen Sie denn hier?

Schwester 1: *auf* Was machen Sie denn hier?

Frau: Der Zimmerschlüssel vom Hotel. Ich habe ihn im Schloss verloren! Schwestern: Dann suchen wir doch! *alle ab*

Weg
Eisverkäufer: Eis, wer möchte ein Eis?

Räuber: *auf* Nein, keine Zeit! *Ab*

Eisverkäufer: Giovanni-Eis feiert 54-jähriges Jubiläum! Der nächste Kunde bekommt eine Kugel Eis gratis!

Bibliothekar: *auf* Wer denkt denn jetzt an Eis? *ab*

Boutiqueverkäuferin: *laut* Bogumil! Bleib stehen! Es tut mir ja so schrecklich leid!

Eisverkäufer: Möchten Sie eine Kugel Giovanni-Eis? Zum 54-jährigen Jubiläum ist die erste Kugel gratis!

Boutiqueverkäuferin: *abwesend* Bogumil! *ab*

Eisverkäufer: Ach, Liebe macht blind … *ab*

Schloss
Bibliothekar: *schreit* Die Prinzessin! Da liegt sie! Hilfe! Hilfe!

Amme. Was ist los?

Königin: *auf* Was soll der Lärm?

Bibliothekar: Eure Tochter ist gerade ermordet worden!

Frau: Von Ihnen!

Boutiqueverkäuferin: *auf* Was für ein Blödsinn!

Frau: *auf* Alarm! Alarm!

Licht geht aus

Boutiqueverkäuferin: Hilfe! Ich kann nichts mehr sehen!

Schwestern: *zünden Kerzen an* Da sind ja die beiden Kriminellen!

Dieb und Meuchelmörder: Wir kriminell? *Fliehen*

Bibliothekar: Bleiben Sie stehen! *läuft hinterher*

Königin: Warten Sie doch! Im hinteren Teil des Schlosses gibt es keine Beleuchtung!

Es wird dunkel

Boutiqueverkäuferin: *hinterher* Bogumil! Das ist zu gefährlich für dich!

Dieb: *fällt* Tristan! Nimm meine Beute mit! *Licht geht an, Dieb gibt Meuchelmörder Geld* Bei dir ist sie sicherer!

Königin: Halt! Es ist verboten, ohne Erlaubnis das Schloss zu verlassen!

Bibliothekar: Lassen Sie es ruhig. Wenigstens haben wir schon einen Übeltäter.

Frau: Und ich bin sicher, dass wir den zweiten auch noch finden.

Bibliothekar: Woher sollen Sie das denn wissen? Ich meine, Sie haben sicherlich bessere Medizinkenntnisse als ich, aber ob Sie unbedingt auf Verbrecherjagd gehen sollten … Ich weiß nicht …

Frau: Ach so … Sie trauen das einer Frau nicht zu! Darf ich mich vorstellen: Katharina Zordovniak, Kriminalpolizei Freitag.

Königin: Sie sind also die Polizistin, die uns angekündigt wurde!

Frau: Ganz genau! Sie haben mich gerufen, damit ich die Kriminellen, die sich hier herumtreiben, fasse.

Königin: Sie meinen die, von denen uns gerade einer entwischt ist.

Räuber: *auf* Zwei davon sind aber immer noch auf freiem Fuß!

Schwester 2: *telefoniert* Bitte einen Gefangenentransport nach Freitag. Ja, ins Stadtschloss. Bis gleich! *zu den Räubern* Jetzt nicht mehr!

Räuber fliehen, Frau hinterher

Bibliothekar: *auf* Er ist uns entwischt!

Boutiqueverkäuferin auf

Königin: Sie können gleich wieder los! Die beiden Räuber sind uns entwischt!

Frau: Das können Sie ruhig lassen! Die drei sind in meiner Gewalt! *es hupt* Da sind sie ja! *mit Dieb und Räubern ab*

Bibliothekar: *zu Königin* Dann können wir uns ja um Ihre Tochter kümmern.

Königin: Wie Sie sich um mein Töchterlein sorgen! *mit Bibliothekar ab*

Weg
Eisverkäufer: Giovanni-Eis! Wer möchte ein original sizilianisches Giovanni-Eis? Zum 54-jährigen Jubiläum gibt es die erste Kugel gratis!

Meuchelmörder: *auf* Oh ja! Ich hätte gerne eine Kugel Melone. *zum Publikum* Woher kenne ich den bloß?

Eisverkäufer: Bitte! *übergibt das Eis*

Meuchelmörder: *isst* Köstlich! *röchelt zum Publikum* Jetzt weiß ich, wer es ist! Ein Verrückter von der Mafia, der unbedingt jemanden vergiften wollte. Jetzt ist es ihm gelungen! *fällt tot um, Portemonnaie fällt raus*

Eisverkäufer: *lacht* Es hat geklappt! Es hat geklappt! *hebt das Portemonnaie auf und schmückt sich mit dem Geld* Juchu! *winkt, ab*

Schloss
Bibliothekar: Wir brauchen einen Arzt. So hat sie keine Chance!

Königin: Ich werde Dr. Schneider-Schmidt anrufen.

Amme: *auf* Die neueste Nachricht! Der Meuchelmörder ist nach Genuss einer Kugel Eis verblichen!

Königin: Schnell, Amme, ruf die Ärztin an! Sie soll sofort hierherkommen!

Amme: Jawohl. *Ab*

Arzt: *auf* Man hat mich gerufen?

Bibliothekar: Genau. Die Prinzessin …

Königin: Meine Tochter, sie, sie ist gestorben! *weint*

Arzt: Wir brauchen jeden, der sich gerade im Schloss befindet!

Bibliothekar: Ich kümmere mich darum! *Ab*

Königin: Meinen Sie, sie schafft es?

Arzt: Wenn genug Leute versuchen, sie wiederzubeleben …

Bibliothekar: *mit Boutiqueverkäuferin, Frau, Schwestern und Amme auf* Reicht das?

Arzt: Ganz sicher.

Alle Anwesenden versuchen die Prinzessin wiederzubeleben

Prinzessin: *müde* Ich bin so müde …

Arzt: Machen Sie alle weiter! Dann hat sie eine Chance! *nach einer Weile* Genug! Genug! Sie schafft es!

Alle: Hurra! Hurra!

Prinzessin: *müde* Der wievielte ist heute eigentlich?

Schwester 1: *kramt einen Kalender hervor* Es ist … der 24. Dezember! Es ist Heiligabend!

Schwester 2: Stimmt! Das habe ich in der Eile ganz vergessen!

Alle zusammen: Frohe Weihnachten!

Ende

Schrödinger

Theaterstück

Personen

Anton, Kameraassistent

Ben, Tonmeister
Regisseur (Bernd Hamann)
Phillipa, Kamerafrau
Alexander, Schauspieler
Madonna Schrödinger, Schauspielerin
Werner Schrödinger, deren Mann
Ein Holzfäller
Ein Polizist

Szenenbilder

Im Studio
Im Fluss
Im Wald
Lichtung
In Freitag
Unter einem Baum

1: Im Studio

Anton: „La speranza" 24, die vierte.

Ben: Halt, Ton ist aus.

Anton: „La speranza" 24, die fünfte!

Regisseur: *auf* Wo ist Schrödinger?

Phillipa: Hinfort, hinfort …

Regisseur: Lass den Quatsch!

Anton: „La speranza" 24, die fünfte.

Regisseur: *auf* Wo ist Schrödinger?

Phillipa: Hinfort, hinfort … Regisseur: Lass den Quatsch!

Anton: „La speranza" 24, die sechste.

Phillipa: Kamera läuft.

Ben: Ton ist an.

Regisseur: *entzürnt* Schrödinger! Ben: Hat sich krankschreiben lassen.

Regisseur: Das gibt es nicht! Verschafft man diesem edlen Wichtigtuer mal eine Plattform zum Selbstdarstellen, feiert er krank!

Phillipa: Reg dich ab! Dann drehen wir eben ohne ihn!

Regisseur: Anton, die 12 bitte.

Anton: „La speranza" 12, die erste.

Madonna: *auf* Wo warst du, mein treuer Geliebter?

Regisseur: Wo bleibt Alexander?

Phillipa: Pudert sich die Nase.

Regisseur: Hör jetzt endlich auf! Wenn wir keinen außer Frau Schrödinger haben, können wir auch nicht drehen!

Ben: Soll ich Schrödinger holen?

Regisseur: Wenn er krank ist, ist er krank!

Ben: Eben hast du noch gesagt, dass er krankfeiert.

Maria: Mein Mann feiert nicht krank!

Regisseur: Ruhe!

Ben: Ich schau mal nach. *ab*

Anton: „La speranza" 12, die zweite.

Ben: *off* Ton ist an.

Phillipa: Kamera läuft.

Madonna: Wo warst du, mein treuer Geliebter?

Alexander: *auf* Toilette.

Regisseur: Halt, halt, halt!

Ben: *auf* Schrödinger ist weg! Regisseur: Weg?

Phillipa: Hab ich doch gesagt. Hinfort, hinfort!

Regisseur: Ich habe deine dummen Bemerkungen satt.

Madonna Schrödinger fällt in Ohnmacht

Ben: Frau Schrödinger!

Regisseur: Holt Birnengeist!

Ben: Birnengeist?

Anton: Alkohol beruhigt.

Ben: Wer ohnmächtig ist, braucht nicht mehr beruhigt zu werden.

Madonna: *erwacht* Was?

Phillipa: Umgeben von Wahnsinnigen!

Regisseur: Wir sind nicht wahnsinnig!

Phillipa: Nur bekloppt.

Anton: „La speranza" 12, die dritte.

Ben: Ton ist an. *ab*

Phillipa: Kamera läuft.

Madonna: Wo warst du, mein treuer Geliebter?

Alexander: Man nahm mich gefangen, auf dem Weg nach Florenz.

Madonna: War es Andó, der Rächer der Armen?

Alexander: Ich weiß es nicht, er ward maskiert.

Ein Handy klingelt

Regisseur: Wem gehört …

Alexander: Ihnen, Sir.

Phillipa bricht in einen Lachkrampf aus

Regisseur: *nimmt das Handy* Ja bitte? Was? Schrödinger? Wo … Nein, nein … Wo sind Sie? SIE WISSEN ES NICHT? Schrödinger? Herr Schrödinger? Aufgelegt …

Ben: *auf* Was ist los?

Alexander: Unser Maestro hat sich verlaufen …

Madonna: Mein armer Werner …

Alexander: Selbst schuld …

Phillipa: Was für eine lustige Vorstellung ... Schrödinger alleine in der Wüste ...

Regisseur: Hier gibt es keine Wüste!

Phillipa: Sie humorloses Etwas!

Regisseur: Das lasse ich mir nicht gefallen!

Ben: Hat jemand seine Nummer? Dann könnten wir ihn orten.

Madonna: Ja, hier. *gibt Zettel*

Ben: *holt Laptop* www.handyortung.de. Die Nummer eingeben, da ist er schon!

Anton: Und?

Ben: Italien.

Phillipa: Italien?

Regisseur: Wie kommt er denn dahin? Er ist geflogen?

Ben: Rufen wir ihn doch mal an.

Regisseur: *wählt* Schrödinger! Was? Bernd Hamann von Unifilm. Unser Hauptdarsteller. Nein. In Bayern, nicht in Italien. Hallo? Hallo?

Anton: Schrödinger ist in Italien?

Regisseur: Das war er nicht. Das war eine Frau Hullmann von der Nickelheim AG, die zurzeit in Italien ist. Er hat sein Handy in London am Flughafen verloren und nun hat es eben diese Firma, weiß Gott warum.

Madonna: Natürlich, der letzte Urlaub ... Mir reicht's, ich gehe ihn jetzt suchen. *ab*

Phillipa: Weit wird die mit ihren Stöckelschuhen nicht kommen.

Alexander: Sie könnte sie sich ja ausziehen.

Phillipa: Ach was, dafür ist sie doch viel zu fein.

Regisseur: Frau Schrödinger ist eine ehrbare Person.

Alexander: Eine selbstverliebte Ziege ist sie.

Ben: Besser als ihr unbegabter Ehemann.

Anton: Das gebe ich dir recht. Nur weil er der Ehemann der begabten Madonna Schrödinger ist, müssen wir diesen tölpelhaften Wichtigtuer eine Rolle spielen lassen? Wo leben wir überhaupt?

Regisseur: Im 21. Jahrhundert und da ist es selbstverständlich, dass berühmte Menschen Gastrollen spielen.

Phillipa: Erstens ist er nicht berühmt und spielt sich nur auf ...

Alexander: Und zweitens ist er auch kein Mensch, sondern nur ein aufgeblasenes Nichts.

Regisseur: Wenn ihr nicht meine einzigen Angestellten wärt, hätte ich euch schon längst gefeuert!

Anton: Er hat recht. Unsere Spitzen gegeneinander bringen uns nicht weiter. Ich finde, wir sollten Frau Schrödinger suchen. Sie ist es zwar selbst schuld, aber ein schlechtes Gewissen habe ich trotzdem.

Regisseur: Na dann mal los!

Phillipa: Wohin?

Alexander: Wenn wir uns in unsere Madame hineinversetzen, ins nächste Schuhgeschäft.

Ben: Alex …

Alexander: Jajaja.

Anton: Wir könnten Passanten befragen, in ihrem Kostüm merkt die sich jeder.

Regisseur: Einzige Möglichkeit.

2: Im Fluss
Madonna auf

Madonna: Ih! Wasser … Wo hört das hier auf?

Absätze brechen ab

Madonna: Meine Schuhe! Huh! Da sind Bäume! Ein Wald! Ich bin gerettet! *ab*

Ben, Regisseur, Alexander, Anton und Phillipa auf

Ben: Habt ihr die Schreie gehört? Das war doch Frau Schrödinger!

Phillipa: Sieh an, sieh an. Unsere Prophezeiung hat sich bewahrheitet. Da liegen ihre Absätze.

Anton: Wie ich sie kenne, ist sie in den Wald gelaufen.

3: Im Wald
Holzfäller, Ben, Regisseur, Alexander, Anton und Phillipa auf

Ben: Ist hier eine Dame in einem rosa Kleid vorbeigekommen?

Holzfäller. Die Plüschtante?

Alexander: *lacht* Die Plüschtante, was für eine treffende Beschreibung.

Holzfäller: Die hat nach einem Schuster gefragt.

Anton: Etwas unpassend, oder?

Phillipa: Das Beste ist noch, dass sie die Absätze liegen lassen hat!

Regisseur: Und wohin haben Sie sie verwiesen?

Holzfäller: Die nächste Stadt ist Freitag, aber ob da ein Schuster ist?

Ben: Und wohin müssen wir da?

Holzfäller: Sehen Sie die Lichtung dahinten? Bis dahin und von da sieht man schon die Stadt.

Regisseur: Vielen Dank.

4: Auf der Lichtung
Ben, Regisseur, Alexander, Anton und Phillipa auf

Regisseur: Freitag!

Phillipa: Es ist *Aufführungstag, bei Freitag:* Scharf kombiniert, Chef.

Regisseur: Frau Schrödinger, wir kommen! *Vorhang*

5: In Freitag

Regisseur: Dahinten, dahinten!

Alexander: Ihr Plüschkostüm blendet noch auf fünf Kilometer.

Ben: *ruft* Frau Schrödinger, Frau Schrödinger! Hier sind wir!

Madonna: *auf* Hier gibt es noch nicht mal einen Schuster! „Woins a Brezn?", hat mich ein Mann angeschnauzt!

Alexander: *lacht* So jemanden nennt man auch „Bäcker".

Madonna: Auch ein Bäcker muss zu seinen Kunden freundlich sein!

Regisseur: Da gebe ich Ihnen recht! Ich werde mich sofort beschweren! *Ab*

Alexander: Und, haben Sie Ihren Göttergatten wiedergefunden?

Madonna: Nein, aber ich musste eine Menge Autogramme geben.

Phillipa: Nein, wie aufregend! Haben Sie mit Füller oder mit Kuli geschrieben?

Ben: Macht euch doch nicht über die Berühmtheit unserer Kollegin lustig. Ihr wärt froh, wenn ihr auch so bekannt wärt.

Madonna: Ein wahrer Gentleman!

Regisseur: *mit Tüte auf* Dieser Bauerntölpel hat mir eine Tüte voller Brötchen gegeben und sich nicht mal entschuldigt!

Madonna: Ach, so ist das heute nun mal …

Anton: Freut euch doch über die Brötchen.

Phillipa: Damit hätte die Reise wenigstens einen sinnvollen Aspekt.

Alexander: Brötchen gab es auch beim Dreh.

Ben: Wir wollen jetzt nicht über Brötchen streiten, sondern Schrödinger finden.

Regisseur: Zuerst sollten wir zum Studio zurückkehren.

Madonna: Ich gehe keinen Schritt mehr weiter! Erst durch das nasse Wasser und dann durch den dreckigen Wald!

Phillipa: Auf dem Rückweg ist es immer umgekehrt: erst der Wald, dann der Fluss.

Anton: Sollen wir ein Taxi rufen?

Regisseur: Taxi! Taxi!

6: Im Studio

Anton: „La speranza" 12, die vierte.

Ben: Ton ist an.

Phillipa: Kamera läuft.

Madonna: Wo warst du, mein treuer Geliebter?

Alexander: In Freitag, um Brötchen zu essen.

Regisseur: ALEXANDER FREY! Das ist eine ernsthafte TV-Serie und kein Affentheater. Beim nächsten Exzess schmeiße ich Sie raus und spiele selber.

Alexander: Unter den Umständen trete ich zurück und freue mich über 199.000 Euro Ehrensold jährlich, und zwar lebenslang.

Regisseur: Das lasse ich nicht zu!

Alexander: Das war ein SCHERZ! Phillipa hat schon recht mit dem humorlosen Etwas, aber ich werde mich in Zukunft zurückhalten und meinen Humor auf Ihr Niveau senken.

Anton: „La speranza" 12, die fünfte.

Ben: Ton ist an.

Phillipa: Kamera läuft.

Madonna: Wo warst du, mein treuer Geliebter?

Alexander: Man nahm mich gefangen, auf dem Weg nach Florenz.

Madonna: War es Andó, der Rächer der Armen?

Alexander: Ich weiß es nicht, er ward maskiert.

Regisseur: Was ist jetzt los?

Phillipa: Jetzt müsste normalerweise Schrödinger kommen.

Alexander: Welcher aber nicht da ist.

Regisseur: Ich habe euch doch gebeten, eine Szene ohne Schrödinger zu drehen.

Anton: Gibt es aber nicht.

Regisseur: Wer hat denn diesem Dilettanten eine so große Rolle gegeben?

Alexander: Sie, großer Herrscher und Gebieter.

Regisseur: Ich gebe auf. Ich selbst werde Schrödinger vertreten.

Anton: „La speranza" 12, die fünfte, zwei.

Regisseur: Maria! Was macht dieser Barbar hier?

Madonna: Vater! Er liebt mich doch!

Regisseur: *greift zur Waffe* Elender! *schießt*

Madonna: Nein!

Alexander: *steht immer noch* Wir haben kein Kunstblut mehr.

Regisseur: Kein Kunstblut, kein Mord.

Ben: Ich bin mal kurz für kleine Filmemacher. *ab*

Madonna: Wo ist mein Mann?

Anton: Ich dachte, wir hätten die Suche aufgegeben.

Regisseur: Wer tapfer ist, gibt nie auf.

Phillipa: Wer klug ist, fängt gar nicht an, zu suchen.

Regisseur: Und wieso haben Sie dann mit gesucht?

Phillipa: Gruppenzwang.

Handy klingelt

Regisseur: Ja? Schrödinger! An einem Fluss? Ist ein Wald in der Nähe? Ja? Ja! Dann gehen Sie bitte weiter geradeaus, bis zu einer Brücke. Dann gehen Sie links und dann ist da schon das Studio. Bis gleich. Jaaaa ...

Alexander: Er kommt ...

Madonna: Hurra!

Ben auf

Vorhang zu, dann wieder auf

Alexander: Jetzt warten wir schon zwei Stunden und Schrödinger ist immer noch nicht da.

Phillipa: Denken wir doch mal logisch: Schrödinger ruft heute zum zweiten Mal an. Jedoch nicht vom Handy, denn das ist in Italien. Jetzt behauptet er, er sei am Fluss. Da waren wir auch, jedoch ist da keine Telefonzelle. Von wo aus hat er dann angerufen?

Anton: Recht hast du.

Alexander: Ein Fall für Sherlock Holmes.

Ben: Das ist eine ernste Sache.

Regisseur: Könnte man nicht die Nummer zurückverfolgen?

Ben: Man könnte höchstens anrufen ...

Regisseur: Na, dann ... *wählt* Nichts. Geht keiner dran.

Phillipa: Vielleicht führt er uns an der Nase herum ...

Alexander: Schrödinger, dieses phantasielose Etwas und an der Nase herumführen? Na wohl kaum ...

Regisseur: Es ist trotzdem durchaus möglich.

Madonna: Mein Mann ist eine ernsthafte Person! Er legt niemanden rein.

Alexander: Dazu ist er gar nicht fähig. Das Einzige, was er kann, ist Zigarren rauchen und „Ich bitte Sie!" sagen.

Madonna: Wenn man „Das Einzige" durch „Das Nutzloseste" ersetzt, macht es sogar Sinn.

Alexander: „Sinn machen" ist ein hässlicher Anglizismus. „Sinn ergeben" ist besser.

Ben: Streit bringt uns nicht weiter.

Phillipa: Gerede auch nicht. Ich rufe jetzt die Polizei. *zu Regisseur* Handy her! *Regisseur gibt*

Phillipa: *wählt* Phillipa Frey hier. Wir vermissen eine Person, Werner Schrödinger. Wir befinden uns im Unifilm-Studio 14, nahe Freitag. Seit heute Morgen. Bis gleich. Ja. *Zum Team* Sie kommen gleich vorbei.

Polizist erscheint

Polizist: Wer von Ihnen ist Phillipa Frey?

Phillipa: Hier.

Polizist: Sie haben angerufen?

Phillipa: Ja.

Polizist: Wo ist er, Schrödinger?

Alle: WEG!

Polizist: Ach so … Seit wann?

Phillipa: Waren Sie nicht am Telefon, oder haben Sie Alzheimer?

Polizist: Bitte! Das ist nur zur Überprüfung.

Phillipa: Sind Sie Polizist?

Polizist: Was soll das?

Phillipa: Das ist nur zur Überprüfung.

Polizist: Beamtenbeleidigung!

Phillipa: Bürgerbeleidigung!

Ben: Bitte! Sie sind hier, um Schrödinger zu finden.

Polizist: Haben Sie ein Foto?

Regisseur: Hier, ein Szenenfoto.

Polizist: Wir werden es an die Medien weiterreichen.

Alexander: Das brauchen Sie nicht, das passiert heute Abend.

Polizist: Wie?

Alexander: Man wird sein Konterfei in der Telenovela „La speranza" zu sehen bekommen.

Polizist: Tut mir leid, das können wir der Bevölkerung nicht antun. So einen Schmalz hält keiner länger als zwei Minuten aus! Wir werden das Bild in den Nachrichten zeigen und in den Zeitungen drucken lassen.

Alexander: Ich sehe schon die Schlagzeile vor mir: „Gehen Sie diesem Mann aus dem Weg – seine schlechte Laune steckt an!"

Polizist: Sonst noch irgendwelche Sonderwünsche?

Phillipa: Nein danke.

Polizist ab

Anton: Sollen wir weiterdrehen?

Regisseur: Wir könnten die 29 aufnehmen. Da sitzt Paolo im Wagen und fährt Matteos Leiche in den Steinbruch.

Madonna: Oh nein, da stelle ich mir immer vor, dass das Gleiche auch mit meinem Werner so passieren könnte.

Alexander: *leise* Man kann nur hoffen, dass das einmal so passieren könnte.

Regisseur: Das habe ich gehört!

Madonna: Ich auch! Man beleidigt meinen Mann nicht einfach so!

Anton: Oje … jetzt geht's los …

Madonna: Herr Hamann, ich befehle Ihnen, Herrn Frey SOFORT zu entlassen!

Phillipa: Wenn Alex geht, gehe ich auch.

Anton: Wenn Phillipa geht, gehe ich auch!

Madonna: Ich gehe nicht!

Alexander: Das sagt auch keiner. Und du, Ben?

Ben: So leid es mir tut, ich bleibe hier. *zwinkert Alexander zu*

Anton: Los, lasst uns gehen!

Anton, Phillipa und Alexander gehen erzürnt von dannen

Regisseur: HALT!

Madonna: Nein, was für eine Aufregung!

Regisseur: Alles nur wegen Ihres dummen Mannes!

Madonna: Werner ist nicht dumm!

7: Unter einem Baum

Alexander, Phillipa und Anton auf

Phillipa: Und jetzt?

Alexander: Fliegen wir nach Hollywood und suchen uns eine vernünftige Anstellung.

Phillipa: Alexander Frey, ambitionierter Schauspieler mit schlechtem Humor …

Alexander: Phillipa Frey, lakonische Kamerafrau.

Anton: Ist euch schon mal aufgefallen, dass ihr beide den gleichen Nachnamen habt?

Phillipa: Tatsächlich! Ein schlechter Zufall, oder?

Alexander: Zufall? Ich weiß nicht … Schließlich sind wir ja nur zwei Jahre auseinander.

Phillipa: Du meinst, wir sind Geschwister?

Alexander: Meine Mutter hat mir mal erzählt, dass mein Vater nicht nur mit ihr … du weißt schon …

Anton: Ach du lieber Himmel!

Alexander und Phillipa: Halt du dich da raus! *Anton ab*

Phillipa: Ich habe meinen Vater nie kennengelernt. Du?

Alexander: Ich auch nicht.

Phillipa: Oh Gott! Wir müssen einen Test machen lassen.

Alexander: Ich weiß nicht …

Phillipa: Ich aber. Wir müssen Haare von jedem von uns einsenden.

Beide reißen sich ein Haar aus

Alexander: Hast du einen Briefumschlag?

Phillipa: In meiner Handtasche. *kramt, gibt Umschlag, legt Haare hinein* Stift!

Alexander gibt Stift, Phillipa schreibt

Alexander: Ich such mal einen Postschalter. *mit Brief ab*

Phillipa: Es scheint mir, dass Alex Bescheid wusste … Er war überhaupt nicht überrascht, wollte zuerst keinen Test machen lassen und jetzt hat er gar nicht gemerkt, dass wir die Adresse von diesem Forschungsinstitut gar nicht haben. Jetzt weiß ich auch warum! Letztens habe ich ihn mit meiner Haarbürste gesehen! Er hat schon einen Test gemacht … Und bestimmt war er positiv …

Alexander: *auf* Abgeschickt.

Phillipa: Du kannst mir nichts vormachen. Du hast schon einen Test machen lassen. Und? War er positiv? Negativ? Lass mich raten …

Anton: *auf* Ich habe Ben, Hamann und die Schrödinger gesehen! Die saßen in Hamanns dickem Jeep und haben uns gesucht.

Alexander: Haben sie dich gesehen?

Anton: Zum Glück nicht.

Alexander: Wir müssen zum Studio zurück!

Phillipa: Wieso?

Alexander: Erklär ich dir später. Los jetzt! *alle drei ab*

Man hört einen Motor, der verstummt, Autotüren knallen, Ben, Regisseur und Madonna auf

Regisseur: Hier sind sie nicht.

Ben: Vielleicht sind sie in Freitag.

Madonna: Nein, was für ein Hin und Her!

8: Im Studio

Phillipa, Alexander und Anton auf

Alexander: Ich muss im Studiokeller was nachschauen.

Phillipa: Soll ich mitkommen?

Alexander: Nee danke, schon in Ordnung. *ab*

Phillipa: Was meinst du, Anton, führt er was im Schilde?

Anton: Gut möglich.

Alexander: *auf* Scheiße! Er ist weg! Weg, weg, weg!

Phillipa: Wer?

Alexander: Äh … Mein Hut …

Phillipa: Du hast einen Hut?

Alexander: Egal.

Phillipa: Nein, nicht egal. Sehr wichtig.

Alexander: Später, ja.

Anton: Phillipa hat recht. Rück jetzt raus damit.

Alexander: Schrödinger war im Keller.

Anton und Phillipa: SCHRÖDINGER?

Ben, Madonna und Regisseur auf Regisseur: Was ist mit Schrödinger?

Ben: Alex?

Madonna: Was ist mit Werner?

Alexander: Ist weg.

Regisseur: Das wissen wir schon.

Alexander: Er ist zum zweiten Mal weg!

Madonna: Zum zweiten Mal?

Ben: Der ist nicht ernsthaft weg?

Alexander: Wieso hast du ihn auch alleine gelassen?

Ben: Was hätte ich denn machen sollen?

Regisseur: Gaaanz langsam!

Alexander: Meine Mutter erzählte mir einmal, dass mein Vater, den ich nie kennenlernte, noch ein Kind mit einer anderen Frau hatte. Ich habe diese Frau ausfindig gemacht und sie nach dem Namen ihrer Tochter gefragt. Und der war: Phillipa Frey. Die habe ich gesucht, bis ich sie fand. Hier. Da habe ich einen Test machen lassen. Positiv. Doch die Geschichte ist noch nicht zu Ende: Dann tauchten plötzlich Herr und Frau Schrödinger auf. In einem Gespräch mit Frau Schrödinger erzählte sie mir, dass ihr Mann ihren Namen angenommen hätte und früher Frey hieß. Zum Glück hatte Mutter ein Foto von Vater und so kam ich zu dem Schluss, dass Schrödinger mein Vater sein musste. Zusammen mit Ben entführte ich ihn, um Schadenersatz und eine Zeitungsstory aus ihm rauszupressen, aber er weigerte sich.

Regisseur: Und die Anrufe?

Ben: Das war ich. Als Alex, Anton und Phillipa dann gingen, blieb ich hier, um ihn zu bewachen. Aber Sie, Herr Regisseur und Frau Schrödinger, zwangen mich, mitzukommen. So blieb Schrödinger alleine im Studiokeller und entfesselte sich anscheinend.

Alexander: Und jetzt ist er weg.

Madonna: Du lieber Himmel!

Regisseur: Sie sagen es.

Phillipa: Und jetzt?

Anton: Wir suchen ihn jetzt nicht schon wieder!

Ben. Was sollen wir denn sonst machen?

Phillipa: Ich finde, wir sollten die Polizei von dem Fall abziehen. Alex hat ja recht. Was Schrödinger gemacht hat, war nicht richtig. Wir holen ihn jetzt und dann rückt er den Schadenersatz raus und geht zur Presse. GANZ sicher. *alle ab*

Schrödinger: *auf* Am besten, ich warte.

Vorhang, man sieht, dass es Abend ist, Phillipa, Regisseur, Madonna, Ben, Alexander und Anton auf

Alle: Schrödinger!

Schrödinger: Ja, Schrödinger. Diese beiden Herren *zeigt auf Ben und Alexander* haben mich entführt!

Madonna: Mit Recht! *ohrfeigt ihn* Hiermit reiche ich die Scheidung ein!

Schrödinger: Äh …

Regisseur: Hiermit sind Sie gefeuert!

Schrödinger: Äh …

Alexander und Phillipa: Hiermit fordern wir Schadenersatz!

Schrödinger: Äh …

Anton: Hiermit befehle ich Ihnen, zur Presse zu gehen!

Schrödinger: Ich gebe auf!

Alle: Hurra!

Ende

Der Fremde

Ein Trauerspiel in 3 ½ Akten

Charaktere:

Der Fremde
Inspektor Kratky
Der Hofer-Franz
Die Scheffler-Anna
Der Hauser-Karl
Helfer 1
Helfer 2
Helfer 3
Frau
Herr Schneider
Pfarrer

Akt eins

Eine Kreuzung:
Der Fremde: *hält ein Pappschild mit der Aufschrift „Freitag" hoch, eine Frau fragend* Können Sie mich zur freien Reichs- und Hansestadt Freitag mitnehmen? Es ist so …

Frau: Freitag, sagen Sie? Ich residiere dort mit meinem bizarren Gefährten, der sich zu allem Übel auch noch Kratky nennt!

Der Fremde: Ja, Freitag. Ich bin als Geldwechsler tätig. *er zeigt auf einen großen Lederkoffer* Meinen Sie, meine Qualitäten werden dort benötigt?

Frau: Warum nicht? Freitag ist nur einen Katzensprung von Tschechien entfernt und dort muss immer Geld gewechselt werden!

Der Fremde: Katzen, sagen Sie? Ich fürchte mich vor diesen Tieren! Ich hatte mal einen Bekannten, Gott hab ihn selig, dem hatten diese Viecher den ganzen Unterarm zerkratzt!

Frau: Daran ist er gestorben?

Der Fremde: Nein, der Ärmste hatte Tropenfieber.

Frau: Mein Beileid. Ich wusste nicht, dass dieses Thema Sie so berührt.

Der Fremde: Ist schon gut, aber nun lassen Sie uns nicht die Zeit vertrödeln, schließlich wollen wir ja noch im Hellen ankommen!

Frau: *steigt ins Auto* Sie haben ja recht!

Der Fremde steigt ebenfalls ein, Vorhang, man hört Motorengeräusche

Ein Dorf:
Frau: *steigt mit dem Fremden aus* Da sind wir!
Eine Tür öffnet sich

Inspektor Kratky: *kommt aus der Tür* Sie haben ja jemanden mitgebracht!

Frau: Er ist Geldwechsler aus …

Der Fremde: Herne.

Frau: Aus Herne.

Inspektor Kratky: Und was will dieser Kerl aus Hagen jetzt hier?

Der Fremde: Herne. Und ich wechsle D-Mark gegen tschechische Kronen ein und umgekehrt.

Der Hofer-Franz: *auf* Da sind Sie bei uns aber auf verlorenem Posten!

Frau: Nun machen Sie ihn doch nicht gleich schlecht!

Der Hofer-Franz: Das brauchen wir gar nicht mehr, das ist er schon! *ab*

Inspektor Kratky: Entschuldigen Sie mich, aber ich habe zu tun!

Frau: Nehmen Sie die nicht so ernst. Die spinnen immer herum. Sie sind doch bestimmt müde. Wir sollten ein Quartier für Sie suchen!

Die Scheffler-Anna: *auf* Sie müssen der Herr Geldwechsler aus Herford sein!

Frau: *flüstert* Er kommt aus Hagen!

Der Fremde: Herne, meine Damen. Ich komme aus Herne.

Die Scheffler-Anna: Sie sind aber ein edler Herr. „Dame" hat mich noch niemand genannt.

Der Fremde: Vielen Dank, Frau …, Frau …

Die Scheffler-Anna: Scheffler.

Der Fremde: Vielen Dank, Frau Scheffler.

Frau: Wollten wir nicht eine Unterkunft für Sie suchen?

Die Scheffler-Anna: Beim Franz ist doch bestimmt noch ein Zimmer frei!

Frau: Nicht dass ich wüsste. Außerdem hat der Herr Hofer ihn nicht allzu freundlich begrüßt.

Die Scheffler-Anna: Ja was machen wir da?

Frau: Können Sie ihn nicht aufnehmen? Nur für eine Nacht!

Die Scheffler-Anna: Nein, das geht leider nicht, ich habe meinen Vater, den Hauser-Karl, bei mir wohnen und mit ihm ist es nicht immer einfach.

Der Hauser-Karl: *auf* Sprechts a weng lauter! I versteh nix!

Die Scheffler-Anna: Wenn man vom Teufel spricht! *sehr laut* Is guat, Vater. Geh auf dei Stuben.

Der Hauser-Karl ab, Inspektor Kratky mit Helfern und Pfarrer auf

Frau: *übertrieben freundlich* Herr Kratky! Was führt Sie und Ihr Gefolge denn zu uns?

Inspektor Kratky: Ein hinterhältiger Diebstahl! Diesem Herrn hier *zeigt auf den Pfarrer* wurden zwei Hühner gestohlen!

Pfarrer: Ich bin hier der Pfarrer.

Inspektor Kratky: Ach so. Außerdem heiße ich Inspektor Kratky!

Frau: *lacht* Jawohl, Herr Inspektor Kratky!

Pfarrer: Die besten Hühner waren es: Tilly und Agatha! Wenn ich diesen Halunken kriege! So eine Unverschämtheit! Da hört auch die Güte eines Pfarrers auf!

Die Scheffler-Anna: Beruhige dich, Albert, der Inspektor und seine Helfer erledigen das für dich! *ab*

Inspektor Kratky: *zu den Helfern* Habt ihr gehört? Marsch, an die Arbeit! *mit Helfern ab*

Der Hofer-Franz: *auf* Kein Wunder! Kaum ist dieser Fremde hier, gibt es schon den ersten Diebstahl!

Frau: Kommen Sie, wir gehen. *mit dem Fremden und der Scheffler-Anna ab*

Pfarrer: Meinst du wirklich, der Fremde war es?

Der Hofer-Franz: Natürlich! Und ich bin mir auch sicher, dass noch mehr geschehen wird!

Der Hauser-Karl: *auf* Drei Hühner ham's dir g'stohlen, gell?

Pfarrer: Na, nur zwoa.

Der Hauser-Karl: Ja mei! Früher woar all's besser! Wenn dir do a Huhn naus kimma is, dann hast's am zweite Tag wieder g'funden!

Der Hofer-Franz: Recht hat er. Es ist schon spät und wenn du dann wieder aufwachst, werden die beiden Hühner schon wieder auftauchen. *mit dem Hauser-Karl ab*

Pfarrer: So wird es sein. *ab*

Frau: *mit dem Fremden auf* Wir sind hoffnungslos verloren!

Der Fremde: Sagen Sie mal, wo wohnen Sie eigentlich mit Inspektor Kratky?

Frau: Wir wohnen zusammen in der Königinnen-Suite, im Gasthof „Lindenkrug", bei Herrn Hofer. Ein furchtbarer Buchungsfehler, der leider nicht mehr rückgängig zu machen ist.

Der Fremde: Eine ganze Suite?

Frau: Was sich hier halt Suite nennt: drei sehr kleine Zimmer, ein Doppelbett, das von uns natürlich nicht genutzt wird, wir schlafen nämlich auf dem Boden, ein Bad ohne Wanne, ein altes, völlig zerfetztes Sofa und ein wahrscheinlich hundertjähriger Schwarz-Weiß-Fernseher.

Der Fremde: Sie benutzen das ganze Doppelbett nicht?

Frau: Eigentlich könnte ich Sie aufnehmen, aber Hofer und Kratky haben sicherlich etwas dagegen.

Der Fremde: Und was ist, wenn Sie mich in der Suite verstecken?

Frau: Auf Ihre Verantwortung!

Der Fremde: Na dann! *mit Frau ab, Vorhang fällt*

Ein Zimmer: Frau: *mit dem Fremden auf, flüstert* Nun seien Sie doch leise!

Der Fremde: *flüstert ebenfalls* Ich bemühe mich!

Inspektor Kratky: *im Schlaf* Ist was?

Frau: Nein, Inspektor. *leise zum Fremden* Sehen Sie?

Der Fremde: *leise* Soll ich ins Doppelbett?

Frau: *leise* Sind Sie wahnsinnig? Sie schlafen natürlich auf dem Sofa!

Der Fremde: *legt sich hin, leise* Und wie wollen Sie mich morgen früh wieder hier herausbekommen?

Frau: *leise* Indem Sie einfach um 6 Uhr morgens aufstehen. Mein Begleiter schläft gerne mal bis 9.

Der Fremde: *leise* In Ordnung.

Frau geht ins Bad, Vorhang fällt

Vorhang auf, Hahn kräht, Frau, Inspektor Kratky schlafen

Stimme: Vorhang! Sie schlafen noch!

Vorhang fällt, kurze Pause

Vorhang auf

Inspektor Kratky: *kommt aus dem Bett* Ah! Ein guter Morgen für ein paar Joggingrunden! *erschrickt* Was zum Himmel ist das?

Der Fremde: *schläfrig* Wer. **Wer** ist das. Um auf Ihre Frage zurückzukommen: Ich bin gar nichts. Ich bin überhaupt nicht da. *schnell ab*

Inspektor Kratky: Madame? Madame! *schüttelt Frau*

Frau: *schläfrig* Was machen Sie da? Wir haben doch ausgemacht, dass wir uns so verhalten, als ob wir zwei getrennte Zimmer hätten.

Inspektor Kratky: Darum geht es gar nicht. Hier war irgendjemand – und auch wenn er selber das bestreitet, ich habe ihn gesehen.

Frau: *erschrickt* Haben Sie ihn erkannt?

Inspektor Kratky: Nein. Bedauerlicherweise nicht.

Frau: *erleichtert* Nicht? Na dann, Schwamm drüber.

Inspektor Kratky: Recht haben Sie. Nun ja, ich werde mich aufmachen, schließlich hatte ich mir ja vorgenommen, ein paar Runden zu joggen. *zeigt auf seinen Bauch* Dem tut das gut.

Frau: Ich werde, wenn möglich, noch etwas schlafen.

Vorhang

Dorf: Hofer-Franz, und Helfer laufen wild durcheinander

Hofer-Franz: Schnell, schnell, schnell! Hängt alle die Girlanden auf! Aber Marsch!

Pfarrer: *auf* Ach du meine Güte! Was ist denn hier los?

Der Hofer-Franz: Ein gewisser Herr Schneider vom Amt für Planung und Vermessung, er hat irgendetwas vor, was genau verrät er nicht.

Pfarrer: Doch nicht dieser Schneider, dem wir es zu verdanken haben, dass wir eine „Freie Reichs- und Hansestadt" sind?

Der Hofer-Franz: Doch, genau der.

Akt zwei

Dorfplatz: Der Hofer-Franz: So sind sie, die Beamten: kündigen sich groß an und kommen viel zu spät.

Inspektor Kratky: Herr Hofer, Herr Hofer! Sie wissen wohl nicht, mit wem Sie gerade reden!

Der Hofer-Franz: Natürlich weiß ich das, deshalb habe ich das ja auch gesagt!

Inspektor Kratky: So, so, so eine Unverschämtheit! *ab*

Frau: *auf* Müssen Sie am frühen Morgen schon solch einen Lärm machen?

Der Hofer Franz: Nun hören Sie mal! Wenn Sie das für frühen Morgen halten, sind Sie entweder betrunken, oder wahnsinnig! Es ist drei viertel zwölf!

Frau: *Drei viertel zwölf!* Sie haben eine Sprache! Außerdem ist das für mich normalerweise Frühstückszeit.

Der Hofer-Franz: Die Frühstückszeit der faulen Leute! Wir arbeiten.

Frau ab

Helfer 2: *auf* Er kommt, er kommt, er kommt! *ab*

Der Hofer-Franz: Kapelle!

Blasmusik ertönt
Pfarrer: *auf* Aber ich bin's doch nur! Sie müssen doch nicht so ein Theater machen, nur weil ich komme.

Der Hofer-Franz: *erzürnt* Das machen wir ja auch nicht Ihretwegen, sondern weil …

Helfer 2: *auf* Er kommt! *Ab*

Der Hofer-Franz: Kapelle!

Blasmusik ertönt erneut

Der Fremde: *auf* Haben Sie es sich jetzt doch anders überlegt? Wie ich sehe, heißen Sie mich jetzt enthusiastisch willkommen.

Der Hofer-Franz: *sehr erzürnt* Sie sind noch genauso wenig willkommen wie gestern. Die Musik und die Girlanden sind für …

Helfer 2: *auf* Er kommt! *ab*

Der Hofer-Franz: *schreit* Ihr könnt's mich mal!

Herr Schneider: *auf* Ah … Was für eine … interessante … Begrüßung.

Der Hofer-Franz: Oh nein … äh … Kapelle!

Blasmusik ertönt

Herr Schneider: Nun ja, so viel Aufwand war ja jetzt auch nicht nötig.

Pfarrer: Herr Schneider, wir sind sehr erfreut, Sie wiederzusehen.

Der Fremde: *erstaunt* Heinrich?

Herr Schneider: Oh Gott … *flüstert* Was machst du denn hier?

Der Fremde: *flüstert ebenfalls* Ich spreche gerade mit einem Totgeglaubten …

Herr Schneider: *flüstert* Ich weiß, das war nicht das Klügste …

Der Hofer-Franz: Das ist der Herr Geldwechsler aus Halle.

Der Fremde: Herne. Und wer sind Sie, wenn ich fragen darf?

Herr Schneider: Sie dürfen. Neithardt Schneider, vom Amt für Planung und Vermessung.

Der Hofer-Franz: Franz Hofer. Wirt und Teilzeit-Bürgermeister.

Pfarrer: Albert zur Hage, Pfarrer.

Herr Schneider: Mich kennen Sie ja schon.

Der Hofer-Franz: Sie persönlich schon, nur noch den Grund Ihres Erscheinens nicht.

Herr Schneider: Das ist eigentlich nichts Besonderes, auch kein richtiger Grund, sagen wir, ich wollte Sie warnen.

Pfarrer: Warnen? Wovor denn warnen?

Herr Schneider: Ich bin mir sicher, dass Sie sich noch erinnern, damals vor ein paar Jahren, als ich Ihrem Dorf fälschlicherweise den Titel „Freie Reichs- und Hansestadt" verlieh, ich verwechselte es mit Freytag, mit Ypsilon geschrieben, einem Ort nahe Hamburg. Na ja, das ist ja eigentlich nicht schlimm, aber der Vize-Innenminister Björn von Sammelburg möchte eine, wie er es selber nennt, „Deutschland-Tournee" veranstalten, in der er auch Freitag besuchen möchte. Kaum auszudenken, was für einen Terz er machen würde, fände er heraus, dass Freitag, das beschauliche Dorf in Bayern, eine Hansestadt ohne jeglichen Hafen ist.

Der Fremde: Und was gedenken Sie zu tun?

Herr Schneider: Wir müssen so schnell wie möglich einen Hafen bauen.

Der Hofer-Franz: Sie spinnen doch wohl! Wie soll denn das gehen?

Herr Schneider: Ich hätte da schon eine Idee …

Inspektor Kratky: *auf* Was ist hier los?

Pfarrer: Wenn es ihn gäbe, würde ich sagen „Der Teufel", aber aus eben genanntem Grund unterlasse ich das und sage: „Herr Schneider ist zurückgekehrt und hat Angst vorm Vize-Innenminister Björn von Sammelburg."

Inspektor Kratky: Das beantwortet nicht unbedingt alle meine Fragen, aber das macht nichts. Ach, und Herr Schneider, Inspektor Kratky, anwesend in geheimer Mission.

Herr Schneider: Zurück zum Hafen. Wir könnten doch die Eger umleiten, schließlich fließt sie doch, sagen wir, fast vor unserer Haustür.

Der Hofer-Franz: Hm … theoretisch ginge das. Wann soll er denn kommen, Ihr Minister?

Herr Schneider: Erstens: Es ist nicht mein Minister, sondern der des Landes und zweitens ist er gar kein Minister, sondern eben nur Vize-Innenminister. Um zu Ihrer Frage zurückzukommen, Herr Hofer, er kommt in neun Tagen.

Der Hofer Franz: Neun Tage? Wie wollen Sie das schaffen?

Herr Schneider: Mit Engagement und Herzblut.

Inspektor Kratky: Mit Engagement und Herzblut – für irgendeinen unbekannten „Vize-Minister"?

Herr Schneider: *aufgebracht* Er ist nicht unbekannt! Wer politisch interessiert ist, kennt ihn. Deshalb sind Engagement und Herzblut für ihn genau das Richtige. Also, marsch an die Arbeit.

Inspektor Kratky: Helfer! Sofort erscheinen!

Helfer auf

Pfarrer, Helfer, Inspektor Kratky und Hofer-Franz ab

Pfarrer: Kommen Sie nicht mit, Herr Schneider?

Herr Schneider: Gleich ... ich habe noch etwas zu tun.

Der Fremde: Was soll der Quatsch, Heinrich?

Herr Schneider: Das ist kein Quatsch! Ich bin nach der Affäre in der Schutzkleidungsfabrik Geilenkothen untergetaucht.

Der Fremde: Und jetzt führst du ein Dasein als Wanderclown? Deine Show hier war das Letzte!

Herr Schneider: Alles, was ich erzählt habe, ist wahr, auch das mit der Hansestadt. Das kommt von der wenigen behördlichen Erfahrung.

Der Fremde: Warum hast du mir nichts gesagt?

Herr Schneider: Risiko, Risiko. Der Fabrikchef Edgar Geilenkothen hat die Detektei Tudor beauftragt, um mich zu finden.

Der Fremde: So ein Trara, nur, weil du aus Versehen die Abrechnungen falsch adressiert hast?

Herr Schneider: Erklär dem alten Geilenkothen mal, dass du aus Versehen Familie Knoblauch eine Rechnung von über 500.000 Mark geschickt hast und warum die Holzbaufirma Tragsam nur 30 Mark bezahlen musste!

Der Fremde: Na ja. Jetzt bist du ja da.

Herr Schneider: Und zwar wegen eines Auftrags. Ich schaue mal nach, wie weit meine Hafen-Strategen schon gekommen sind. *ab*

Frau: *auf* Sind diese Irren endlich weg?

Der Fremde: Wenn Sie mit Irren die „Hafen-Strategen" meinen, schon.

Frau: Genau die meine ich. Ich habe alles genauestens gehört, allem voran diesen Schwachsinn mit dem Hafen.

Der Fremde: Oh ja … ein schöner Schwachsinn. Haben Sie eigentlich heute schon Frau Scheffler gesehen?

Frau: Die begleitet ihren Vater zum allmittwochlichen Doppelkopfabend. Sie sagte, sie käme erst spät zurück.

Der Fremde: Ich wollte sie nämlich noch etwas fragen, oder wissen Sie, warum sie selber Scheffler heißt, ihr Vater jedoch Hauser?

Frau: Ich glaube, sie ist verwitwet, aber sicher bin ich mir nicht.

Die Scheffler-Anna: *mit Hauser-Karl auf* Sie liegen genau richtig. Mein Mann, Gott hab ihn selig, war Polizist. Er starb vor zweieinhalb Jahren bei einem Einsatz.

Der Hauser-Karl: Na, oan Einsatz goab's net. Des woar a so: I hoab dem gsogt: A so geht dös net! Dann isser wegfohrn un rums gegen oa Mauer.

Die Scheffler-Anna: A na. Dös stimmt net!

Der Hauser-Karl: Sogst du! Du wuilst des net woarhoam!

Die Scheffler-Anna: A geh! *ab mit Hauser-Karl*

Herr Schneider: *auf* Sie glauben es nicht! Die machen das tatsächlich! *zum Fremden* Sag mal, der Mann da, war das nicht der alte Geilenkothen?

Der Fremde: Ich kenne ihn nicht.

Herr Schneider: Ich aber. Und ich sage: ER WAR DAS! Wo wohnt er?

Frau: Ganz in der Nähe: nur ein paar Straßen weiter.

Herr Schneider: *nimmt den Fremden am Arm* Dann los! *mit dem Fremden ab*

Frau: Ich weiß nicht, was hier los ist …

Akt drei

In einer kleinen Nebenstraße: Der Fremde und Herr Schneider klopfen wie wild gegen die Tür

Herr Schneider: Aufmachen! Sofort!

Der Hauser-Karl: Jo wos is denn ... Ja mei!

Herr Schneider: Ach, schönen Tag, Herr Geilenkothen.

Der Hauser-Karl: Was machen Sie denn hier?

Die Scheffler-Anna: *auf* Was ist hier los?

Der Hauser-Karl: Is scho guat.

Die Scheffler-Anna ab

Der Fremde: Sind Sie wirklich DER Geilenkothen?

Herr Schneider: Oh ja, das ist er.

Der Fremde: Wenn das so ist ... *ab*

Der Hauser-Karl: Wie kommen Sie hierher? Ich dachte, Sie wären ...

Herr Schneider: Nein, das bin ich nicht.

Der Hauser-Karl: Na gut, dann kann ich ja schon die Detektei Tudor wieder von ihrem Auftrag abziehen.

Herr Schneider: Und was machen Sie hier?

Der Hauser-Karl: Ich finde, wir sollten das in aller Ruhe besprechen. Genau genommen, schlage ich vor, dass wir einen Dorfrat einberufen. Es ist eine lange Geschichte.

Herr Schneider: Einverstanden.

Beide ab

In einem Saal im Dorf: Alle obengenannten Charaktere außer der Frau und dem Fremden sind anwesend

Der Hofer-Franz: Ich heiße euch alle herzlich willkommen zu dieser vielleicht etwas zu schnell einberufenen Sitzung. Als Erster möchte unser Karl seine *lacht* „Rede" halten.

Der Hauser-Karl: Ihr habt vielleicht gedacht, ich wäre „a weng donebn", aber das stimmt wie so vieles nicht. Anna, ich muss dir hier vor allen Leuten sagen, dass ich etwas falsch gemacht habe. Damals, als ich abgehauen bin, das hat mit meinem Beruf zu tun gehabt. Ich habe großen Mist gebaut: Ich habe damals vielleicht ein Auge zu viel zugedrückt und ich musste untertauchen.

Die Scheffler-Anna: Was erzählst du da, Vater?

Der Hauser-Karl: Die Wahrheit, meine Liebe, die Wahrheit. Dann habe ich mir das vielleicht etwas alberne Pseudonym „Edgar Geilenkothen" zugelegt und eine Schutzkleidungsfabrik gegründet. Aber da ist es passiert: Dein Mann, der Max, hat Kontakt zu mir aufgenommen und wollte mich zurechtweisen, was dich angeht, Anna. Da habe ich ihm gesagt, er würde mich nie mehr sehen und da, er hatte wohl schon ein wenig getrunken, ist er weggefahren und …

Die Scheffler-Anna: *weint* Das ist nicht wahr, oder? Das ist nicht wahr!!! *läuft aus dem Saal*

Der Hauser-Karl: Anna! *hinterher*

Inspektor Kratky: Wo wir doch gerade bei den Enthüllungen sind …, ich, Sie äh … ich bin gar kein Inspektor mehr … ich scheine bei meinem letzten Fall wohl ein wenig zu genau gearbeitet zu haben und … hops war es passiert … Ich bin hierhergekommen, um meinen letzten Fall zu Ende zu bringen: die Veruntreuung der Gelder der Firma …

Herr Schneider: Geilenkothen. Und … tata! Da haben Sie Ihren Schuldigen.

Inspektor Kratky: Sie?

Der Hofer-Franz: So a Schmarrn! Sie sind vom Vermessungsamt!

Herr Schneider: Tarnung, meine Freunde, Tarnung.

Inspektor Kratky: Das mag ja möglich sein, aber warum denn Sie?

Herr Schneider: Ich finde es furchtbar, was da in den Zeitungen geschrieben wurde: „ER IST DAS MONEY-MONSTER" oder „GRAUSAME VERUNTREUUNG DURCH ANGESTELLTEN: EDGAR GEILENKOTHEN PACKT AUS". Das ist alles übertrieben! Ich habe nur ein paar Rechnungen falsch gebucht.

Inspektor Kratky: Weil alle gerade so „gut gelaunt" sind, lassen wir das mal gelten.

Der Hauser-Karl: *auf* Ihr glaubt es nicht! *nach hinten* Anna!

Die Scheffler-Anna: Die Hühner. Die Hühner haben einen Schwimmkurs belegt. Der Hofer-Franz: Einen was?

Die Scheffler-Anna: Wir haben sie im Fluss gefunden.

Der Hofer Franz: Wir müssen uns ausdrücklich … Wo ist er denn? Die freundlich Dame, die hier zu Gast war, ist auch weg.

Herr Schneider: Ach du meine Güte! Wenn ihnen etwas passiert ist? *alle ab*

Derweil im Pensionszimmer: Der Fremde und die Frau packen die Koffer

Frau: Wir haben unseren Dienst getan. Ich bin mal gespannt, was aus diesem unsäglichen Hafen wird.

Man hört ein Radio: Sprecher: Björn von Sammelburg, bekannt als Vize-Innenminister, wurde in der Nacht zum Sonntag brutal in seinem Hotelzimmer in der holländischen Kleinstadt Nummer een, übersetzt auch Nummer eins, erstochen. Bislang laufen die Ermittlungen nur langsam voran. Der Innenminister Johannes Silvarek gab bekannt, dass er seine Deutschlandreise um einen Tag vorzieht und dass der Fernsehsender „Grasbeißer TV" ihn begleiten wird.

Frau: Das können wir unseren Freunden nicht antun. Wir müssen sofort zu ihnen zurück!

Beide ab

Auf einer kleinen Nebenstraße: Alle obengenannten Charaktere laufen wie wild durcheinander

Alle: Wo könnten sie bloß hingegangen sein?

Der Fremde und Frau laufen plötzlich über den Weg, alle stoßen zusammen

Frau: Wir müssen Ihnen etwas Wichtiges mitteilen!

Der Hofer-Franz: Wir auch!

Frau: *gleichzeitig mit Hofer-Franz* Björn von Sammelburg kommt nicht, weil er tot ist!

Der Hofer-Franz: *gleichzeitig mit Frau* Die Hühner, die weg waren, sind wieder da!

Beide: WIE?

Frau: Björn von Sammelburg wurde ermordet und an seiner statt kommt Johannes Silvarek, der echte Minister, mit einem Fernsehteam! Wir müssen uns beeilen.

Der Hofer-Franz: Ach du lieber Himmel! Schnell, schnell!

Die Scheffler-Anna: Können wir nicht einfach das Projekt „Hafenbau" canceln?

Der Hofer-Franz: Canceln? Wie stellst du dir das vor? Silvarek wird uns köpfen.

Die Scheffler-Anna: Köpfen? Er wird sagen: „Hansestadt? Ich sehe keinen Hafen. Na ja, Schwamm drüber."

Der Hauser-Karl: Schwamm drüber? Dieser Mann ist nicht dumm … Husch, husch … an die Arbeit!

Inspektor Kratky: Endlich mal ein wahres Wort! Also, husch, husch.

Vorhang, ein kleiner Fluss, Sandsäcke, Hauser-Karl, Hofer-Franz, Kratky, Pfarrer und Schneider

Pfarrer: Komm, Herr Jesus, sei unser Gast und segne, was du uns bescheret hast.

Der Hofer-Franz: Hier wird nicht gebetet, hier wird gearbeitet!

Inspektor Kratky: Jawohl!

Der Hauser-Karl: Wenn Jesus all das segnen müsste, was er uns bescheret hat, hätte er viel zu tun.

Der Hofer-Franz: Arbeiten, nicht quatschen!

Herr Schneider: Vielleicht kann man ja auch einen anderen Weg gehen …

Der Hofer-Franz: Nein, nein, nein!

Pfarrer: Ja, vielleicht sagt man einfach die Wahrheit!

Der Hofer-Franz: Die Wahrheit? Dann verlieren wir unser Gesicht!

Der Hauser-Karl: Das haben wir schon verloren!

Der Hofer-Franz: Habt Acht! Der Fluss!

Die Sandsäcke kippen, der Fluss schwappt über, rennen entsetzt davon

Ein halber Akt

Frau, Fremder, Scheffler-Anna, der Dorfplatz, diesmal überschwemmt, klammern sich an ein Brett

Der Fremde: Ich wusste, dass es so kommen wird!

Frau: Ich auch! Was machen wir jetzt?

Die Scheffler-Anna: Ich weiß nicht …

Der Fremde: Wir sind in Bayern, da gibt es immer eine Lösung!

Frau: Wie meinen Sie das?

Der Fremde: Irgendeiner kommt immer vorbei, ganz Bayern ist ein Dorf.

Die Scheffler-Anna: Da hat er recht!

Frau: Dann heißt es jetzt warten.

Wind kommt auf

Frau: Nein!

Das Brett verschwindet in den Fluten

Vorhang

Man hört eine Stimme, Radionachrichten

Stimme: In der Nacht zum Sonntag wurde der Innenminister Johannes Silvarek festgenommen. Er wird des Mordes an seinem Vertreter Björn von Sammelburg verdächtigt, leugnet jedoch die Tat. Die geplante Deutschlandreise wird abgesagt.

Der Fremde: *off* Ich wusste es. Niemand denkt mehr an Freitag. Verschwunden für die Ewigkeit, Freitag, einst Stadt, nun See.

Ende